W0338361

Geheimnisvolles rund um Wien

Karl Lukan · Fritzi Lukan

Geheimnisvolles rund um Wien

Romantisches · Verborgenes · Unentdecktes

KRAL VERLAG

Bild Seite 8/9: „Hölzelstein“ am Ufer vom Neusiedler See
Bild Seite 10/11: „Kalenderstein“ in Leodagger
Bild Seite 12/13: Hausberg von Großriedenthal
Bild Seite 14/15: „Pilzstein“ bei den Kogelsteinen

BILDNACHWEIS

Historische Bildvorlagen:	Archiv Lukan (außer Seite 89 und 90)
Farbaufnahmen:	Fritzi Lukan

J.-F.-Kennedy-Platz 2
2560 Berndorf
Telefon: +43 (0) 2672/82 236-0, Fax: Dw. 4
E-Mail: office@kral-verlag.at

Umschlag- und Buchgestaltung:
Bruno Wegscheider und Ernst Glitzner
Reproduktion: Pixelstorm, Wien

Printed in EU
ISBN: 978-3-99024-212-4

Besuchen Sie uns im Internet:
www.kral-verlag.at

Inhalt

Vorwort

„Nächst Wien gibt es der Zauberplätzchen so viele“ – das hatte bereits in der Biedermeierzeit der Wiener Joseph Kyselak (1795–1831) erkannt, der durch das Anbringen seines Namens an markanten Plätzen ein berühmter Mann geworden ist und auf der Suche nach solchen Plätzen zu einem hochaktiven Wanderer.

Als Wanderer sind auch wir zwei schon seit unserer Jugend rund um Wien unterwegs und haben nicht nur viele bezaubernde Plätze, sondern auch eine unglaubliche Vielfalt an Erlebnismöglichkeiten kennen gelernt in diesem Land der Kontraste zwischen Puszta und Hochgebirge: kulturhistorisch und volkskundlich Interessantes, Naturwunder und geomantisch starke „Orte der Kraft“, Unglaubliches und Abenteuerliches, Geheimnisvolles aus uralten Zeiten ...

Geheimnisvolles, wie es – unter anderem – auch der große Felsschacht im „Karnitschstüberl“ an der Hohen Wand ist. Unübersehbar ist das sauber ausgehauene Loch im Boden der Riesenhalbhöhle – aber wann ist es entstanden und welchen Zweck hatte es? Vermutlich war die weithin sichtbare Halbhöhle in alter Zeit ein Kultplatz. Viel spricht dafür, Gewissheit gibt es keine. So oft wir in das verflixte Loch hinabschauen, fragen wir uns, ob jemals die Lösung des Rätsels gefunden werden wird.

Mysteriöses gibt es nicht nur in weit entfernten Ländern! Zur Hohen Wand sind es von Wien aus kaum fünfzig Kilometer. Und es stimmt bestimmt nicht, dass mehr Reisekilometer auch mehr Reiseerlebnis bringen. Alle in diesem Buch beschriebenen Plätze sind in Tagesausflügen erreichbar.

„Nächst Wien gibt es der Zauberplätzchen so viele“ – es gibt wirklich so viele, dass auch wir zwei Altwanderer noch immer uns bisher unbekannte entdecken können. Eine wundervolle Erlebniswelt ist dieses Land rund um Wien!

Karl Lukan, der das Buch geschrieben hat,
und Fritzi Lukan, die die Fotos machte
und die geomantischen Mutungen durchführte

Bild Links: Kalksburg. Fresko im Inneren vom „Monument“

Großglockner (3.797 m) und Großer Sandberg (160 m)

Mit einem Arbeitskollegen hatte ich den Großglockner über den Stüdlgrat erstiegen und einige Zeit später lud er mich zu einer Bergtour in seiner Heimat ein. Er wohnt im Marchfeld ...

... und darum war es auch kein hoher Berg – aber ein sehr origineller Berg, ein Sanddünenberg.

Vom Sanddünengebiet im Marchfeld berichtet die „kirchliche Topographie“ vom Jahre 1829: „In der viert Stunden breiten Strecke von Markgraf Neusiedl bis Oberweiden ist kein Baum, keine Quelle, kein Haus außer einem fast in der Mitte liegenden Schäferhofe; nichts zeigt sich aus dem Blicke in dieser großen Sandwüste als röthliches Heidegras. Noch vor wenigen Jahren reiste durch diese Gegend, wie durch Ägyptens Wüsten, niemand allein; immer, und wenigstens des Nachts, gesellten sich mehrere zusammen, denn der Nahme des Schäferhofes Siehdichfür erinnerte jeden Reisenden, auf seiner Huth zu seyn vor den fürchterlichen Sand- und Staubwolken und dem hier lauernden schlechten Gesindel.“

Ausblick vom Gipfel des Großen Sandberges (Seehöhe 160 m).
Linke Seite: Bildbaum Bindereiche im Hochleithenwald.

Den Weiler Siehdichfür gibt es noch immer (südlich von Strasshof). Als die Donau noch bei uns ins Meer mündete, hatte sie dabei auch haufenweise von ihr mitgebrachtes Geröll hinterlassen. Und als das Meer zurückgegangen war, verwitterte dieses und wurde zu Sand und der Wind häufte den Sand zu Dünen auf, welche aber dann im Verlauf der Zeit von Vegetation überdeckt wurden. Als im Mittelalter das Land gerodet und in ein Weide- und Ackerland umgewandelt wurde, kam auch wieder der Sand an die Oberfläche und ganz schlimm ist es dann ab dem 15. Jahrhundert geworden, als unruhige Zeiten kamen, viele Dörfer aufgegeben wurden und alles außer Kontrolle geriet. „Marokko“ wurde dieses Flugsandland später auch genannt und Reisende fühlten sich darin „wie in die Wüste“ versetzt.

Diese „Verwüstung“ einzudämmen wurde seit dem Ende des 18. Jahrhunderts versucht; es dauerte aber lange, bis es endlich durch Anpflanzung und Aufforstung halbwegs gelungen war. Zu dieser Zeit hatten aber auch schon die Naturforscher dieses Gebiet wegen seiner seltenen Tier- und Pflanzenarten als einen besonderen Lebensraum erkannt und forderten bereits 1915 das Einstellen von weiteren Anpflanzungen. Im Jahre 1927 entstand das erste Naturschutzgebiet Österreichs, und das war kein urtümliches Gebirgstal, kein hoch aufragender Wald, kein See, kein Moor – das war ein Teil der lange Zeit als Ödland verrufenen Sanddünenlandschaft bei Weikendorf. Und 1961 wurden auch die Sandberge bei Oberweiden unter Naturschutz gestellt.

Es war eine für mich neue Landschaft, in die mich mein Bergkamerad Sepp damals geführt hat. Kniehoch stand das Federgras und wenn es der Wind bewegte, dann kam ich mir darin vor wie in einem Wellenbad. Und wie in einen Hexengarten versetzt glaubte ich mich vor den vom Wind zu phantastischen Gebilden verflochtenen silbrigen Fäden dieser Gräser wie auch vor den bizarr gewachsenen Wacholdersträuchern. Aber wo immer ich in dieser wiederbegrünten Wüste mit den Schuhen in den Boden stieß, kam heller Sand zum Vorschein.

Dann erstiegen wir den großen Sandberg. Gehzeit vom Bergfuß bis auf den Gipfel: 1 Minute. Oben ein Vermessungsstein auf 160 Meter Höhe über dem Meeresspiegel.

Eigenartig und einzigartig ist die Aussicht von da oben auf die vielen grünen Hügel – einer hinter dem anderen – dieser Dünenlandschaft. Und Hügel, Hügel und keinen ebenen Waldboden gibt es auch dort, wo Bäume gepflanzt worden sind – sehr zum Missfallen der heutigen Naturschützer, welche zugunsten einer Steppenlandschaft diese wieder entfernt haben möchten.

„Wie gefallen dir unsere Berg'?", fragte mich Sepp. Mir gefielen sie.

Die Bergsteiger sagen, dass sie auf hohen Bergen dem Himmel näher sind. Das habe ich ebenfalls lange geglaubt, aber es stimmt nicht. Auf einem hohen Berg ist man hoch abgehoben von der Welt, mehr Himmelsgefühle gibt es auf den Hügeln im flachen Land. Da gibt es rundum Felder, Büsche, Wälder, kleine und große Häuser, Kirchtürme in der Nähe und in der Ferne ... es ist diese Froschperspektive, aus der man den Himmel in einer viel größeren Weite zu erleben meint.

„Ehrlich ... dir g'falln unsere Berg' wirklich?" – Sepp wollte es genau wissen.

„Wirklich!" – Ich fand es da oben auf dem Großen Sandberg ehrlich und wirklich wunderschön.

Kultbäume im Hochleithenwald

Zwischen dem Ortsrand von Wolkersdorf und dem von Groß-Schweinbarth liegen acht Luftlinienkilometer reine Natur, liegt der weit ausgedehnte Hochleithenwald.

Jetzt führen Wander- und Radwege in den Wald hinein, dennoch ist er eher ein stilles Ausflugsziel. Früher war er ein Schlupfwinkel für Räuber, die so frech wurden, dass im 18. Jahrhundert zum Schutz der Reisenden an der Brünner Straße eine Kaserne für dreißig Reiter errichtet wurde. Für die Landbevölkerung wurde allerdings die wilde Horde der kaiserlichen Soldaten bald zum größeren Schrecken als alle Räuber.

Im Hochleithenwald steht auch der wahrscheinlich älteste und ganz bestimmt eindrucksvollste Bildbaum von Wiens Umgebung – die Bindereiche (benannt nach dem Besitzer der Waldparzelle, der ein Fassbinder war).

Bereits auf altgriechischen Vasenmalereien sind mit Götterbildern behangene Bäume dargestellt. Wo immer auf dieser Welt Bäume wachsen, gibt es seit ältesten Zeiten auch „Bäume der Verehrung“. In unseren Zonen wurde es Brauch, Bilder von göttlichen oder heiligen Personen an Bäume zu nageln, um Hilfe zu erbitten oder dafür zu danken.

In der Sanddünenlandschaft bei Weikendorf ...
heller Sand unter grünem Gras

Die Bindereiche im Hochleithenwald ist ein sehr alter Baum. Wie alt sie ist, kann heute niemand sagen, weil ihr Stamm schon so stark ausgehöhlt ist, dass in dieser Höhlung zwei Menschen nebeneinander stehen können. Liebespaare haben sich darin mit eingeritzten Herzen verewigt. Dem Stamm fehlt auch die Krone; mit Stangen wird er gestützt und sozusagen als Hut wurde ihm ein Schindeldach mit einem Hirschgeweih aufgesetzt. Seine Rinde ist steinhart und altersrau und von den vielen im Verlauf der Zeit an den Baum genagelten Bildern sind viele Nagellöcher in ihr verblieben. Doch auch als Baumruine ist der alte Bildbaum noch immer aktiv, noch immer werden neue Bildchen oder Kreuze an ihm befestigt.

„Wir gehen gern hinaus zur Bindereichen!“, hat uns ein Pillichsdorfer gesagt. „Es ist ein schöner Sonntagnachmittagsspaziergang. Und wenn wir dann beim Baum ein bisserl beten ... das tuat a ganz guat!“

Von dem Stamm ohne Krone geht noch immer eine starke Strahlung aus. Er steht auf einem guten Platz. Die Leute, welche vor Jahrhunderten das erste Bild oder Kreuz an dem Baum befestigten, wussten, warum sie es an diesen Baum hängten.

Der Weg zur Bindereiche beginnt in der Kellergasse von Pillichsdorf. Es ist eine schöne Kellergasse mit Bäumen in der Mitte, und dass die Gasse alt ist, merkt man an einigen der Presshäuser, die noch Lehmziegel im Mauerwerk haben.

Nach der Kellergasse führt das schmale Sträßlein noch ein Stück zwischen Kirschbäumen und Feldern dahin. Dann beginnt der Wald.

Der Hochleithenwald ist heute stellenweise so dicht verwachsen, dass er einem Urwald gleicht (in dem nur die Affen fehlen, die sich an den Lianen hutschen). Und inmitten von diesem Urwald gibt es – große Überraschung! – einige schnurgerade Alleen mit hohen Bäumen. Auch der Weg zur Bindereiche führt durch eine solche.

Kaiser Karl VI. war ein so fanatischer Jäger, dass er im Jagdfieber sogar seinen Oberstallmeister Fürst Schwarzenberg versehentlich erschossen hat. In seinem Todeskampf soll dieser noch alleruntertänigst gesagt haben: „Es seye ein Schicksal des Himmels, daß ich von Ihrer Majestät habe müssen geschossen werden." – Der Hochleithenwald war ein bevorzugtes Jagdgebiet des Kaisers. Um schneller und bequemer zum Schuss zu kommen hatte er die Alleen anlegen lassen.

Das Gnadenbild von der „Gnadenbildeiche" im Hochleithenwald

Die Bauern, welche diese Arbeit in harter Fron verrichten mussten und denen das Wild aus dem Wald ihre Felder verwüstete, haben weniger alleruntertänigst gedacht.

Noch im Jahre 1968 hat der Volkskundler Werner Galler 19 Bildbäume im Hochleithenwald gezählt. Am Beginn des 19. Jahrhunderts ist einer der Bildbäume sogar Ziel von Wallfahrten mit hunderten und sogar mehr als tausend Teilnehmern geworden. Ein blind geborenes und durch Gebetserhörung sehend gewordenes Kind hatte eine Eiche mit einem Marienbild zum Wunderbaum werden lassen.

In Wirklichkeit konnte der im Jahre 1808 geborene Knabe nach seiner Geburt die Augen nicht öffnen. Die Mutter ging mit dem Kind zu dem Gnadenbild im Wald und am Abend dieses Tages öffnete das Kind die Augen, die mit einer weißen Haut überzogen waren. Diese verdünnte sich täglich und dann konnte die Mutter sehen, dass ihr Kind schwarze Augen hatte. Doch bald darauf starb es. Dem Pfarrer von Groß-Schweinbarth gefielen die Wallfahrten zu dem Wunderbaum gar nicht. Er hätte die Leute lieber in seiner Kirche mit dem Opferstock gesehen. Auf Anordnung der Kirchenbehörde wurde daher das Marienbild in die Kirche gebracht und die an dem Baum hängenden Votivbilder sowie auch einige hundert kleine Bilder und etliche Krücken wurden entfernt.

Doch der Volksglaube lässt sich nichts verordnen, er hat seine Wurzeln in anderen Vorstellungen. Die Leute glaubten, dass das Marienbild – so wie es in vielen Legenden erzählt wird – von allein wieder zu dem Baum zurückkehren werde. Sie warteten vergebens. Und so musste dann der Pfarrer sechs Wochen nach der Entfernung des Bildes von dem Baum seinen Vorgesetzten melden: „Niemand findet sich nun in meiner Kirche zur Verehrung des Bildes ein."

Bis zum Jahre 1933 hing das Bild unbeachtet in der Kirche, dann wurde es in den Pfarrhof gebracht – und vergessen. Erst als man sich wieder für die Geschichte von dem Bildbaum im Hochleithenwald interessierte – diese „fesselnde Geschichte von Volksfrömmigkeit und Wundergläubigkeit, aber auch von ihrer Unterdrückung", wie es Werner Galler formulierte –, wurde es wiederentdeckt.

Das Ölbild zeigt eine Pieta unter drei Eichen und darunter eine Ansicht der Wallfahrtskirche Maria Dreieichen. Es ist kein großes Kunstwerk, nur eines der vielen zu dieser Zeit entstandenen Wallfahrtsbilder.

Noch in älteren Protokollen wird an der Ortsgrenze Wolkersdorf/Groß-Schweinbarth eine „Gnadenbildeiche" erwähnt. Jetzt wird angenommen, dass diese inzwischen gefällt wurde.

Einige Zeit war das Bild im Museum für Volkskultur/Groß-Schweinbarth ausgestellt, jetzt wird es im Tresor des Gemeindeamtes aufbewahrt. Nur bei der Fronleichnamsprozession wird es auf einen der vier Altäre gestellt.

Uns haben die Leute vom Gemeindeamt das Bild in den Hof hinausgetragen, damit es besseres Licht für ein Foto hat. Und als es dann so einsam an der Mauer lehnte, konnten wir uns kaum vorstellen, dass zu diesem Bild einst unzählige Menschen voll Hoffnung und Zuversicht aufgeschaut haben.

Nur solange es an dem Baum hing, hatte das Bild seinen Glanz und seine Glorie und seine magische Funktion, vom Baum entfernt verlor es sie. Das macht dieses Bild aus dem Hochleithenwald zu einem ganz besonders wertvollen kulturgeschichtlichen Relikt für das Weiterleben des uralten Baumkults.

Die Hausberge von Stronegg und Gaiselberg und der Irrtum von gestern

Im Weinviertel gibt's nicht nur viele Kellergassen, sondern auch besonders viele Hausberge.

Hausberge sind die Vorgänger mittelalterlicher Steinburgen: von Menschenhand mühevoll aufgeschüttete Hügel, auf denen ein von Wällen und Gräben umgebenes Haus stand (daher Hausberg), oder auch natürliche Erhebungen, welche durch Abgrabungen zu solchen Erdburgen gestaltet wurden.

Ein geheimnisvoller Zauber umgibt auch heute noch diese Hügel in der Landschaft, obwohl es längst keine Geheimnisse mehr um sie gibt. Früher war das anders, da wusste man noch nicht, von wem und zu welchem Zweck sie errichtet worden sind ...

Da gab es die Sagen. Ein prachtvolles Schloss soll einst auf dem Hügel gestanden sein. Aber dann haben die Bewohner einen „Nackerten-Ball“ darin veranstaltet und es ist als Strafe des Himmels versunken.

Auch für Gräber von Heroen aus alter Zeit wurden die Hügel gehalten. Im „Gupferten Berg“ von Unternalb (bei Retz) sollte in einem goldenen, silbernen und eisernen Sarg Attila der Hunnenkönig begraben sein. 1872 wurde in Retz die „Niederösterreichische Gupferte Berg-Untersuchungs-Aktiengesellschaft“ zur Bergung dieses Sarges gegründet. Vorher wurde aber noch gefeilscht wie auf einem Markt im Orient über die Verteilung der Schätze aus dem Grab.

Ergebnis der Ausgrabung: einige vermoderte Holzbalken, einige Knochen, der Rest einer Feuerstelle ...

Das war auch das Ende der „Niederösterreichischen Gupferte Berg-Untersuchungs-Aktiengesellschaft“.

Matthäus Much, der Wegbereiter ur- und frühgeschichtlicher Forschung in Österreich, war der Erste, der sich ab 1870 auch mit den geheimnisvollen Erdwerken des Weinviertels beschäftigte. Er sah in ihnen germanische Heiligtümer. Die hohen Kegel bildeten das „innere Heiligtum, das nur mit Ehrfurcht geschaut werden durfte“, auf den Wällen oder breiten Stufen hatte das Volk den „gottesdienstlichen Handlungen“ beigewohnt.

Das war ein Irrtum. Aber beim Anblick der eindrucksvollsten Erdwerke des Weinviertels – den Hausbergen von Stronegg und Gaiselberg – wird dieser Irrtum immerhin verständlich.

Als wir vor etlichen Jahrzehnten das erste Mal unter dem Hausberg von Stronegg standen, dachten wir unwillkürlich an den Turm von Babel.

Das war an einem trüben kalten Novembersonntag. Raureif lag auf Gräsern, Sträuchern und Bäumen. Im Ort haben wir vor und nach dem Aufstieg keinen einzigen Menschen gesehen; nur ein kleiner Hund hatte uns aus Freude, dass es in dieser kalten Welt doch noch Menschen gibt, schweifwedelnd und laut kläffend den Berg hinauf begleitet.

Wie ein Zauberberg ist uns an diesem Tag der weiße Raureif-Hausberg vorgekommen und wie verzaubert haben wir uns oben auf dem Gipfelplateau gefühlt, wie auf einem Götterberg – obwohl wir genau wussten, dass dieses Erdwerk in der Babenbergerzeit entstanden ist.

Im Verlauf der Zeit ist dann der Hausberg immer mehr verbuscht, die Bäume sind in die Höh’ geschossen und bald war von der ganzen Anlage nicht mehr viel erkennbar. Die Rettung kam unerwartet. Ein Mann verwandelte den Hausberg in ein Wildgehege, ließ ihn umzäunen (mit einem Eingang für alle Besucher) sowie die Büsche und Bäume stutzen; und alles, was jetzt noch aus dem Boden wächst, wird von den vierbeinigen Rasenmähern gefressen. Jetzt zeigt sich der Hausberg wieder in seiner ganzen Größe ...

... aber dumm g’schaut haben wir schon, als wir dann wieder einmal auf den Hausberg stiegen und plötzlich ein Rudel Wild vor uns wie die Wilde Jagd über den hohen Wall dahinfegte.

Nicht so groß und hoch wie der Stronegger Hausberg ist der von Gaiselberg – er fasziniert aber ebenso durch seine drei mächti-

Die imponierend große Hausberganlage von Stronegg: Ausblick von der Kuppe des Hauptwerks auf Vorwerk und Wall.

gen, kreisförmig das Hauptwerk umziehenden Wälle und Gräben. Er ist vor allem schnell weithin bekannt geworden durch die in dem 1891 erschienenen Buch von Guido List *Deutsch-Mythologische Landschaftsbilder* enthaltene Schilderung einer *Sommersonnwend-Weihenacht* auf dem Gaiselberg.

Im 19. Jahrhundert – im Industrie- und Maschinenzeitalter – machte der schnelle Fortschritt den Menschen bald Angst. Und diese Angst trieb viele in die Sagenwälder der Vergangenheit, aus der sie – sich als Nachkommen germanischer Recken fühlend – neu gestärkt wieder hervorkamen. Richard Wagner schuf seine Helden-Opern und Guido List wurde zum „Lehrer Ario-germanischer Gottheit".

Als Guido List zu seiner *Weihenacht* auf den Gaiselberg stieg, nahm er auch einen „gediegenen Henkelkrug voll Weines" mit. Das hatte Folgen! Denn als er in der Dämmerung zu dem nahen Eichenwald schaute, schien es ihm, als rücke dieser immer näher und näher, als wolle er das alte Heiligtum erobern ...

Und Guido List fragt: „Oder gedenkst du, ehrwürdig Geschlecht der Eiche, mir heute deinen Gruß zu bieten, hier an altheiliger

Freistatt!? Ahnst du es wohl gar, daß ich von der Sippe derer, die einst in Hochgesängen Wuotan und Frouwa geheiligt? Ahnst du wohl gar in mir der Barden und Skalden einen, der heimgefunden nach tausendjähriger Irrfahrt, aus tausendjährigem Irrwahn zu Altvater Wuotan, ihm wieder Opfer zu weihen an hochheiliger Heilstatt!? Und so, alter Raunewald, du solches geahnt, so sei mir willkommen, sei mein Genosse in dieser Weihenacht bei ahnungserweckendem Tieftrunk!“

Noch einen zweiten, dritten Tieftrunk nahm der Barde auf dem Gaiselberg und nach dem vierten Tieftrunk ist es dann passiert: „Da erfaßte mich schütterndes Grauen, aber die Verwandlung war geschehen, der auch ich nicht entgangen. Mein Hut war zum Helme geworden, von dem ein mächtiger Adlerflug wehte, eine schuppig schimmernde Brünne umschloß meinen Leib, und gewichtige Waffen, die stolzeste Manneszier, waren mein Schmuck. Mein Staunen war maßlos.“

Auch unser Staunen ist heute maßlos über diese „tieftrunkene“ Geschichte, in der sich dann der Gaiselberg öffnet und eine „Göttlich-Hehre“ daraus hervorkommt und den Barden hinabführt in den „hochheiligen Hausberg“ …

Steilabbruch unter der Kuppe des Hauptwerkes vom Hausberg in Gaiselberg

Bereits am Beginn des 20. Jahrhunderts wurde bezweifelt, dass die Hausberge „hochheilig“ waren, und vermutet, dass sie eher Standplätze von Burgen gewesen sind. Eine Vermutung, welche spätere Forschungen bestätigten.

In den Jahren 1958–1967 ist vom Wiener Universitätsinstitut für Ur- und Frühgeschichte der Hausberg Gaiselberg systematisch erforscht worden. Ergebnis: Er wurde in drei Bauphasen ab 1150 angelegt; es gab drei Brände und zweimal ist er zerstört worden; um 1550 ist er verlassen worden und die Bauern haben sich die Steine vom festen Herrenhaus für ihre Häusln geholt.

Der Irrtum von gestern ist die Wissenschaft von heute. Matthäus Much (1832–1909) hatte mit seiner Deutung der Hausberge als Heiligtümer geirrt. Das wird ihm heute vorgeworfen von Leuten, die vergessen haben, dass die Ur- und Frühgeschichtsforschung im 19. Jahrhundert noch ein unbeackertes Feld war. Österreichs erste Archäologen waren allesamt Amateure (der

Jurist Much besaß eine Instrumenten- und Saitenfabrik), welche mit Spürsinn und Phantasie in ein neues Wissensgebiet vordrangen – und das ohne die Hilfsmittel der Wissenschaft von heute.

Der Hausberg von Gaiselberg mit seinen Wallringen. Zeichnung von Matthäus Much aus dem Jahre 1875.

Aber: War Much ein Phantast so wie der „Lehrer Ario-Germanischer Gottheit“ Guido List?
Die um 1970 einsetzende Luftbildarchäologie in Österreich brachte ein unerwartetes Ergebnis: die Entdeckung der in der Mitte des 5. Jahrtausends v. Chr. entstandenen Kreisgrabenanlagen ... ein großes Rund, um das konzentrisch ein bis drei Gräben mit Wällen gezogen sind. Der Durchmesser dieser Anlagen liegt zwischen 30 und 150 Metern.
In seiner 1876 erschienenen Arbeit über *Germanische Wohnsitze und Baudenkmäler in Niederösterreich* veröffentlichte Much auch einen Grundriss des von drei Wällen umgebenen Hausberges von Schrick, auf dem jetzt die Pfarrkirche steht. Much sah in den Ringwällen sakrale Umgrenzungen eines Germanen-Heiligtums, in das in späterer Zeit das christliche Gotteshaus gestellt wurde.
Muchs Grundriss vom Schricker Hausberg hat verblüffende Ähnlichkeit mit den Grundrissen von Kreisgrabenanlagen.
Kreisgrabenanlagen wurden zuerst für Wehranlagen oder Viehpferche gehalten, jetzt ist man ziemlich sicher, dass es Kultplätze waren.
Gar so abwegig war der Irrtum von Matthäus Much nicht, fast wäre sein Irrtum kein Irrtum gewesen!

Vom unter- und oberirdischen Wullersdorf

Im Jahre 2001 brach auf dem Marktplatz von Wullersdorf unter einem Auto der Boden ein. Die Radln hingen über einem tiefen dunklen Loch und die Feuerwehr rückte aus um das Auto zu bergen.

Das Loch blieb. Wer ist dafür zuständig? Was ist darunter? Bestimmt etwas aus alter Zeit ...

Der „Wullersdorfer Geschichtsverein“ wurde daher dafür zuständig erklärt. Also band sich sein Obmann Johannes Six an ein Seil und ließ sich hinab ins Ungewisse. So abenteuerlich begann die Wiederentdeckung der mittelalterlichen Fluchtanlage von Wullersdorf.

Vor dem Hochaltar der Wehrkirche Kleinzwettl ist der Einstieg in den jetzt schon berühmten Erdstall.
Linke Seite: Die so genannte „Venus von Eggenburg“.

Im Weinviertel gibt es nicht nur viele Weinkeller, es gibt auch noch Eiskeller, Hauslöcher zum Verstecken von Sachen, Fluchthöhlen und die Erdställe. Als Obmann Six und seine Helfer die Welt unter dem Marktplatz zu erkunden begannen, kamen sie in einen weit verzweigten Maulwurfsbau mit schmalen Gängen und kleineren und größeren Räumen, aus dem sie zuallererst etliche Tonnen herabgestürzte und eingeschwemmte Erde herausschaffen mussten. An die 200 Meter hat die Anlage in ihrer Ausdehnung.

Jetzt ist sie für Besucher zugänglich gemacht worden. Teilweise gibt es elektrisches Licht, eine kleine Leiter und eine hölzerne „Hendlstiege“ erleichtern den Abstieg in die unteren Räume.

Den Schutzsuchenden früherer Zeiten haben nur Ölfunzel oder Kienspäne etwas Licht in das Dunkel gebracht.

Schutzsuchende gab es in diesem Grenzland in allen Zeiten. Leute, welche noch am Ende des Zweiten Weltkrieges in Erdhöhlen Schutz vor den Russen gesucht haben, erzählten uns, wie schrecklich das war, die Enge, die Finsternis, die „dicke Luft“, das Verrichten der Notdurft – und die Angst! Trotzdem ist in einer Wand der Wullersdorfer Fluchtanlage eingeritzt „Heil Stalin“.

Viele Verewigungen finden sich da unten in der Tiefe, auch die Jahreszahl 1437 sahen wir. Und froh waren wir, als wir nachher draußen wieder die Sonne sahen.

Groß und hoch überragt die Kirche den Ort, weithin sichtbar steht sie im Land.

Warum der eher kleine Ort eine so große Kirche hat?
Weil auch die Kirche von Maria Roggendorf groß ist!
Wullersdorf wurde 1136 von Leopold dem Heiligen dem Benediktinerstift Melk geschenkt. Roggendorf gehört den Benediktinern von Göttweig. Im 17. Jahrhundert bauten die Göttweiger in Roggendorf für ein dort schon seit langem verehrtes Marienbild eine große Wallfahrtskirche. Und die war dem ehrgeizigen Abt Berthold Dietmayer vom Stift Melk ein Dorn im Auge ...
... denn wenn es ums Repräsentieren ging, hatte in der Barockzeit auch die brüderliche Liebe innerhalb des gleichen Ordens ihre Grenzen. Trotz der durch den Stiftsneubau von Melk angespannten finanziellen Situation wollte Abt Dietmayer in dem von Roggendorf kaum drei Kilometer entfernten Wullersdorf ebenfalls eine große Kirche bauen.
Das geschah dann in den Jahren 1723 bis 1733, Jakob Prandtauer hatte den Bau begonnen, Josef Munggenast vollendet. Die Mönche vom Stift Melk haben ihrem Abt Verschwendung und Ruhmessucht vorgeworfen; seine Verteidiger sehen heute in ihm einen Barockmenschen, der in Schönheit und Glanz überall den Schöpfer ehren wollte.

Die „Kaiser-Franz-Josef-Jubiläums-Volksschule“ (links) und die Kirche von Wullersdorf

Die Mönche hatten dem „Barockmenschen“ auch vorgeworfen, dass er 3 Lakaien, 2 Kammerdiener und 2 Köche für sich beanspruchte, dass die Kosten für seine Mahlzeiten dreimal höher waren als die für alle Mönche des Klosters – und dass er sich von seinen Mitbrüdern die Füße küssen ließ. Und sehr streng war er auch ... 1718 hatte er den Vikar von Wullersdorf abberufen und bestraft, weil dieser Vergils *Aeneis* (das zu den von der Katholischen Kirche verbotenen Büchern gehörte) gelesen hatte!
Groß und schön ist die Kirche von Wullersdorf – doch im Winter ist sie eine „Eisgrube“. Darum wurde ein Pferdestall des Melker Wirtschaftshofes später in eine Winterkapelle

umgewandelt, in der es nicht so kalt ist. Groß und bunt ist das Fresko vom letzten Abendmahl an der Altarwand. Darauf sind nur zehn Apostel zu sehen ... ein eigenartiges Letztes Abendmahl.

Mittelalterliches Rechtsdenkmal:
Das „Schandmännchen“ von Wullersdorf.

Der Pfarrer von Wullersdorf erzählte uns, wie dieses Fresko entstanden ist. Unter den von der Pfarre betreuten Balkan-Flüchtlingen war auch ein Künstler, der Arbeit suchte. Er bekam den Auftrag für das Letzte Abendmahl an der Altarwand.

Der Künstler machte seine Skizzen. Die Wullersdorfer schauten dabei zu. Der Künstler begann das Fresko zu malen. Die Wullersdorfer schauten dabei zu. Und dann erkannten sich einige der Männer auf dem Fresko als Apostel ...

Das war den Männern gar nicht recht. Also veränderte der Maler ein wenig die Gesichter. Den Herrn Pfarrer (der rechts auf dem Bild ist) machte er nur einige Jahre jünger.

Dass dieses Letzte Abendmahl nur zehn Apostel zeigt, ergab sich daraus, dass der Künstler als Moslem nicht so ganz mit der christlichen Bilderwelt vertraut war.

Schon in der Antike wird von Malern erzählt, welche einen Apfel oder sonst etwas so naturgetreu malten, dass sich die Leute täuschen ließen und danach griffen. So zu malen gilt heute als unmodern und darum können es auch die meisten modernen Maler gar nicht mehr (abstrakt malen ist wesentlich leichter). Aber Mirsad Asceric, der 1996 das Wullersdorfer Abendmahl gemalt hat, beherrscht noch diese Kunst des Illusionismus.

Die perspektivische Täuschung an diesem Fresko ist so gut gelungen, dass auch wir den linken Eckteil des Abendmahltisches beim ersten Hinschauen für ein vorgesetztes Architekturstück gehalten haben. Man hat uns getröstet, dass andere Leute sogar schon nach dem gemalten Stück Brot gegriffen haben, das darauf liegt. Das Wullersdorfer Abendmahl – ein originelles Kunstwerk.

Und noch etwas Originelles gibt es in Wullersdorf – das am Kirchenaufgang eingemauerte „Schandmännchen“. Früher war es an einem (jetzt abgerissenen) Haus gegenüber vom Pranger angebracht und sollte die an den Pranger gestellten Sünder verspotten. Es zeigt seine Zunge, die rechte Hand greift an den Hosenlatz, die linke an das Ohrläppchen. Ohrenzupfen an Zeugen war schon bei den Römern Brauch, es sollte diesen die Rechtshandlung unvergesslich machen.

Ursprünglich war der Pranger ein Holzpfahl, bei dem sich die Bewohner einer Siedlung trafen, wenn es etwas zu besprechen oder zu beurteilen gab. Erst ab dem 15. Jahrhundert wurden die Holzpfähle durch Steinsäulen ersetzt und an diesen Sünder gegen Gesetz und Moral „ausgestellt“ und angeprangert.

„Prangerstehen“ war eine so genannte Ehrenstrafe, bei der die Angeprangerten viel von ihrer menschlichen Würde verloren. Für die Zuschauer war es eine Gaudi. Dazu gehörte noch das Verhöhnen durch steinerne Schandmännchen, welche sehr oft auch mit Steinen beworfen wurden. Dabei wurden die meisten dieser Spottfiguren zerstört und jede erhaltene ist – wie schon der Begründer der Rechtssagenforschung Anton Mailly im Jahre 1929 schrieb – ein „Kulturkuriosum und archäologische Seltenheit“. Auch die Wullersdorfer Steinfigur ist mit Steinen beworfen worden und das sieht man dem im Rathaus aufbewahrten Original auch an. Das Schandmännchen am Kirchenaufgang ist eine etwas verschönerte Kopie.

Im Torstöckl vor dem Kirchhof ist der alte Gemeindekotter und darin sieht man eine armselige Gestalt hocken – den Johann Brenner. Der war kein Guter! „Brenner heiß ich und ein Brenner bin ich und ein Brenner werde ich immer sein!“, soll er gesagt haben. Im Jahre 1822 hat er Wullersdorf angezündet; von 162 Häusern sind 136 abgebrannt und 17 Menschen sind dabei umgekommen. Einige Tage nach seiner Verhaftung starb Brenner im Kotter. Todesursache unbekannt.

Schauen wir uns Erfreulicheres an. Beim „Stiegenwirt“ gibt es ein spätgotisches Zellengewölbe und ein Telefonmuseum zu besichtigen. Und außerdem steht in Wullersdorf ein Gebäude, vor dem wir immer voll größter Hochachtung und Ehrfurcht stehen – vor der ehemaligen „Kaiser-Franz-Josef-Jubiläums-Volksschule“.

Das ist ein repräsentatives zweistöckiges Gebäude mit schön geschmücktem Portal und Giebel und Stuckornamenten an der Fassade. Dieser Bau entstand – Sie lesen richtig! – vom Gemeinderatsbeschluss im Jahre 1898 über den Abriss des Vorgängerbaues bis zum ersten Schultag innerhalb weniger als fünf Monate! Das war noch in der gemütlichen alten Zeit, als es keine modernen Baumaschinen gab und viel händisch gearbeitet werden musste. Vor den heute so zahlreichen Ewigkeits-Baustellen denken wir jetzt immer an das Fünfmonat-Blitzbaukind von Wullersdorf.

In diesem Ort haben wir noch etwas Besonderes erlebt: Bei jedem unserer Besuche haben wir dort so viele Geschichten aus Vergangenheit und Gegenwart erzählt bekommen wie kaum anderswo. Ein Ort, in dem die Leute heute noch was zu erzählen haben.

Auch der Herr Pfarrer hat uns eine Geschichte erzählt, die Geschichte von einem Pfarrer, der Schwierigkeiten bei Predigten und Ansprachen hatte. Deshalb hatte er diese immer vorher niedergeschrieben und dann auswendig gelernt.
Einmal sollte er die Grabrede für einen besonders lieben Menschen halten und hatte eine besonders schöne Rede vorbereitet. Doch vor der offenen Grube hatte er sie vollkommen vergessen. So verabschiedete er sich von dem Toten so, wie er sich immer im Leben von ihm verabschiedet hatte ... „Pfiat di, Spitzervater – und bleib g'sund!"
Genau 47 Minuten Bahnfahrt sind es laut Fahrplan von Wien-Nord zur Station Hetzmannsdorf-Wullersdorf.
Wullersdorf ist eine Reise wert.

„Herrgottsitz", „Feenhaube" und „Venus von Eggenburg"

„Phantastische Felsgruppe am Koglberg bei Grafenberg (Naturspiel, durch Verwitterung des Urgesteins entstanden). Rings neolithische Funde" – das Foto zeigt einen Felsen, der wie eine der Skulpturen von den Osterinseln in der Landschaft steht und verblüffend einer monumentalen „Venus von Willendorf" mit ihren schweren Brüsten gleicht. In der 1925 erschienenen *Urgeschichte des Waldviertels* von Anton Hrodegh ist es abgedruckt.
Es ist ein seit der Jungsteinzeit besiedeltes Land, in dem diese Steine stehen. Beim „Herrgottsitz" über Etzmannsdorf zeigt es sich besonders eindrucksvoll ...

Die Sage vom Herrgottsitz: Als der Herrgott durch unser Land zog, suchte er in Wartberg ein Nachtlager. Die Leute wiesen ihn ab.
Da setzte er sich auf einen Stein und ließ den Ort zur Strafe im Boden versinken und dort, wo er gestanden ist, eine Kirche aus dem Boden wachsen.
Etzmannsdorf (natürlich ebenfalls schon seit der Jungsteinzeit ein Siedlungsplatz) ist heute ein stilles Dorf. Und noch stiller ist es auf dem Hügel über dem Dorf mit dem Felsen, auf dem der Herrgott gesessen und seine Sitzspur hinterlassen haben soll. Setzt man sich in den Sitz, dann hat man die etwa zwei Kilometer entfernte Hügelkirche von Wartberg direkt vor den Augen. Die Urzeitsiedlung, welche einmal dort war, ist tatsächlich im Verlauf der Zeit im Boden versunken (woran der Herrgott aber Gott sei Dank unschuldig ist!).
„Die Kirchn von Wartberg sieht man von überall!", sagen die Leute. Der Kirchenhügel steht so dominierend in der Landschaft, dass die Vermutung besteht, es könnte auch schon in vorchristlicher Zeit darauf ein Heiligtum gewesen sein. Konkretes ist nur über eine Kapelle im 13. Jahrhundert und die im 14. Jahrhundert entstandene und im 17. und 18. Jahrhundert umgebaute Kirche bekannt.
Der Herrgottsitz ist eine durch Auswitterung entstandene natürliche Schale, welche später von Menschenhänden etwas nachbearbeitet worden ist. Auch noch andere Bearbeitungsspuren zeigen sich an dem Stein. Und es ist ein geomantisch besonders starker Platz. Wer sich auf ihn gesetzt hat, will ihn nicht so schnell wieder verlassen.

Auf dem Herrgottsitz bei Etzmannsdorf hat man auch freie Sicht zu dem kahlen Hügel, auf dem die „phantastische Felsgruppe" der Kogelsteine steht. Diese steht auch an einer unsichtbaren Grenze – an der Grenze von Weinviertel und Waldviertel. Diese Grenze entstand durch keine Eroberung, Schenkung oder Stiftung, sondern schon vor etwa 250 Millionen Jahren durch ein erdgeschichtliches Ereignis – durch Bildung einer Absenkung der Granitmassen an ihrem Ostrand. „Diendorfer Störung" wird diese Bruchlinie genannt und sogar noch in unserer Zeit sind dort stärkere Bodenstrahlungen feststellbar. Besonders stark sind diese bei jenen Steinen, welche heute als Kultsteine gelten.

Bei besonderen Bäumen, Quellen und Steinen und auf markanten Höhen haben schon seit ältester Zeit in der ganzen Welt die Menschen ihre Bitten um das Wohlergehen auf dieser Erde an höhere Mächte gerichtet. Den Wald- und Weinviertlern der Urzeit müssen die phantastischen Steingebilde bei Eggenburg wie ein Geschenk des Himmels erschienen sein. Der berühmte Johann Krahuletz machte dort schon um 1900 urgeschichtliche Funde, 1982 fand Hermann Schwammenhöfer neuerdings Scherben aus der frühen Bronzezeit.

Fruchtbare Felder und Weingärten umgeben die Kogelsteine, doch auf den Hügel hinauf führt der Weg durch Steppengras. Der große Felsen auf dem höchsten Punkt ist auch der geomantisch stärkste Platz. Unter ihm ist eine bearbeitete ebene Fläche, auf die sogar zwei Stufen hinaufführen ... ist es der Kultplatz?

Er hat nur wenig Strahlung. Der Felsen über ihm hat sie. Auf dem geebneten Platz könnte auch in späterer Zeit bloß ein profanes Reisig- oder Holzhüttl gestanden sein.

Wie ein Ding aus einer anderen Welt zeigt sich die Steinsäule unterhalb vom Felsen, die „Eule" oder „Wächter" genannt wird. Als wir sie vor mehr als vierzig Jahren zum ersten Mal sahen, haben wir spontan an die Venus von Willendorf gedacht und seither ist sie für uns die „Venus von Eggenburg".

An ihr und auch an den kleineren Felsen daneben sind schalenförmige Vertiefungen, welche die Leute früher „Opferschalen" oder „Blutschüsseln" nannten. Und in die sie beim Vorbeigehen die Beeren oder Blumen hineinlegten ...

Warum?

„Das hat meine Mutter schon getan und meine Großmutter ... also tu ich's auch!", hatte uns eine Bäuerin gesagt.

Schon seit der Mitte des 19. Jahrhunderts sind diese Schalensteine ein Diskussionsthema. Es gab sie bereits in der Altsteinzeit und es gibt sie auf der ganzen Welt und sie wurden von Menschen ausgerieben oder entstanden auf natürliche Weise durch Verwitterung.

Die Schalen an den Kogelsteinen sind auf natürliche Weise entstanden ... steter Tropfen höhlt den Stein. Die Tropfen fielen von den Felsen darüber herab. Doch die Frage nach der natürlichen oder künstlichen Entstehung von Schalensteinen ist gar nicht so wichtig wie die nach ihrer Funktion im Volksglauben und Brauch ... ob das Ausreiben der Schalen eine Kulthandlung war, ob

Steinschale an den Kogelsteinen bei Eggenburg

sie bei der Gewinnung von heilsamem Steinpulver entstanden sind, ob sie zur Aufnahme von Speise-, Trank- oder Blutopfern dienten ...
Einmal habe ich unsere Venus erklettert, weil ich wissen wollte, ob es auch auf ihrem Haupt etwas „Kultisches“ (etwa eine Felsritzung) zu sehen gibt. Ich war dann enttäuscht – weil ich nur einige Vogeldreckhäufchen fand.
Neben den Kogelsteinen steht ein zweiter Hügel mit der „Feenhaube“.
Auch sie stand einst dominierend und weithin sichtbar da, jetzt ist sie leider von Bäumen umwachsen. Feenhaube wurde sie genannt, „weil sie wie ein riesiges Weib hersieht, das eine eigenartige Haube auf hat“, hatte seinerzeit der Heimatforscher Franz Kiessling geschrieben.
„Feensteine“ gibt es unzählige in Europa und sie alle werden mit guten Geistern in Beziehung gebracht, die das Leben der Menschen beeinflussen.
Viele der Steine waren mit einem Fruchtbarkeitskult verbunden. Die „gütige Fee“ ist uralt!

Auch um die Feenhaube gibt es etliche Felsblöcke mit Schalen und größeren Vertiefungen und auch einen „Herrgottsitz“, in den man sich (wie schon Krahuletz berichtete) „bequem wie in einem Lehnstuhl hineinsetzen kann“. Er hat ebenfalls eine stark positive Strahlung, so wie der Sitz von Etzmannsdorf.

Der Herrgottsitz bei Etzmannsdorf, die Kogelsteine und die Feenhaube sind faszinierende Naturdenkmäler, die eine ebenso faszinierende Geschichte aufweisen wie Kulturdenkmäler. Von der Jungsteinzeit an sind die Menschen nicht achtlos an ihnen vorbeigegangen, nur ihre Beziehung zu ihnen hat vom 5. Jahrtausend v. Chr. bis weit hinein in christliche Zeit Wandlungen erlebt.

Die ersten Heimatforscher, die sich im 19. Jahrhundert mit den „heidnischen Opfersteinen“ beschäftigten, haben alles auf germanisch interpretiert und so wäre es ihnen zufolge bei diesen Steinen zugegangen wie in einer Wagneroper.

Nach dem Zweiten Weltkrieg lösten die Asterix-Kelten die Germanen ab und das Heroische wandelte sich zu Magisch-Mystisch-Druidischem.

Neue Beobachtungen, neue Überlegungen führten in jüngster Zeit zu der Erkenntnis, dass manche der Steine auch eine praktische Funktion hatten. So wie es in den Alpen Sonnenuhrberge gibt (Mittagskogel oder Elfer, Zwölfer und Einser in den Dolomiten), so sind auch markant aufragende Felsen zu Fixpunkten für die Beobachtung von Himmelskörpern geworden, zu „Steinernen Kalendern“.

Ab 5000 v. Chr. ist in unserem Land Ackerbau betrieben worden. Der Mensch konnte nicht mehr zeitlos dahinleben, er musste zur richtigen Zeit säen um ernten zu können. Seine „Steinernen Kalender“ sind dann auch zu Kultplätzen geworden ... Zeit für die Aussaat, Zeit für die Opfer an die Gottheiten um gute Ernte.

In den frühen 80er-Jahren gelang es dem Heimatforscher-Ehepaar Herta und Herbert Puschnik den großen Felsblock am Ortsrand von Leodagger (bei Pulkau) als einen solchen „Kalender-Opferstein“ zu identifizieren. Ein Spalt zwischen dem Felsen und einer vorgelagerten Felssäule erwies sich als natürliche Visierlinie für die Sonnenbahn zwischen Tag-und-Nacht-Gleiche. Und oben auf dem Felsen wurden eine Reihe von sechzehn ausgeriebenen Näpfchen entdeckt und ein großes Becken, in dem Hermann Schwammenhöfer bei einer weiteren Untersuchung Keramikbruchstücke aus der Zeit um 2000 v. Chr. fand.

Das Geheimnis der Feenhaube/Die großen Steine von Eggenburg. Österreichs Stonehenge heißt das 2001 erschienene Buch, in dem Verfasser Alfred Kappl die Ergebnisse seiner „archäoastronomischen Forschungen“ veröffentlicht hat: die Feenhaube als Beobachtungspunkt für die Wintersonnenwende, die Kogelsteine für die Sommersonnenwende. Der V-förmige Einschnitt auf dem höchsten Punkt des Felsens hat dabei – wie Beobachtungen ergaben und Fotos des Autors zeigen – als Visier für die zur Sommersonnenwende aufgehende Sonne gedient.

Ein Stonehenge sind unsere Feenhaube und die Kogelsteine nicht; sie sind natürliche Steinbildungen und keine von Menschen aufgestellten Steine. Stonehenge ist ein von Men-

Ein Sitzplatz zum Wohlfühlen in einer schönen Landschaft: der „Herrgottsitz" bei Etzmannsdorf.

schenmassen umdrängter Rummelplatz. Bei unseren Steinen ist es noch still.

Als wir vor kurzem an einem brennheißen Sommertag zur Feenhaube kamen, standen dort zwei große Zelte. Die Leute waren aus Oberösterreich. Vor Jahren sind sie zufällig zur Feenhaube gekommen. Die hat sie so beeindruckt, dass sie dann öfter zu dem Platz gekommen sind. Weil's dort so schön ist, haben sie auch manche Nächte bei der Feenhaube verbracht. Jetzt leben sie in Amerika und jedes Mal, wenn sie auf Urlaub in die Heimat kommen, verbringen sie auch eine Nacht bei der Feenhaube. Diesmal hatten sie Freunde aus Amerika mit, diesmal blieben sie noch eine zweite Nacht dort.

„Und die Gelsen?", fragte ich. In diesem Sommer waren die Viecher untertags schon lästig wie noch nie.

„Das war eine so schöne Nacht, dass wir die Gelsen gar nicht gemerkt haben!" – Die Verzauberung von Menschen an geomantisch starken Plätzen!

Wir sind lieber bei den Kogelsteinen, weil diese frei und weithin sichtbar in der Landschaft stehen und der Himmel über ihnen besonders groß erscheint. Und weil dort unsere steinerne „Venus" steht, bei der wir wohl schon unzählige Male und zu jeder Jahreszeit waren und die uns noch immer bei jedem Besuch aufs Neue bezaubert.

Für uns sind die Kogelsteine der schönste Kultplatz in Wiens Umgebung. Es tut uns gut, wenn wir dort still auf einem der Steine sitzen. Und jedes Mal wären wir gerne noch länger geblieben und es hat uns Leid getan, wenn wir wieder fortmussten.

Die „Berglucke" im Weinsbergwald

Zu den berühmtesten Industriedenkmälern Österreichs gehört der „Durchschlag" am Gscheidl zwischen Mürz- und Schwarzatal. 431 Meter lang ist der in den Jahren 1822–1827 entstandene Schwemmtunnel für die Holzbringung. Schwemmmeister Georg Hubmer (1755–1833), der später „Raxkönig" genannt wurde, hat ihn aushauen lassen.

Georg Hubmer hat aber schon lange vorher an einem solchen Schwemmtunnel gearbeitet. Dieser befindet sich im Waldviertel, heißt „Berglucke", ist aber so gut wie unbekannt.

Beide Tunnel entstanden in einer Zeit, in der immer mehr Holz verbraucht wurde, in der aber die an den Straßen und Flüssen gelegenen Forste bereits kahlgeschlagen und bei der Holzbringung aus entlegenen Waldgebieten große Transportprobleme zu lösen waren.

Auf dem 1041 m hohen Weinsberg wurde im 12. Jahrhundert die höchstgelegene Burg Niederösterreichs erbaut und von der Aussicht war Kaiser Franz I., der viele Sommer im Schloss Gutenbrunn Urlaub machte, so begeistert, dass er ein

Portal des Schwemmtunnels „Berglucke" bei Gutenbrunn nach seiner Fertigstellung im Jahre 1782. Zeitgenössische Darstellung auf einem Beinglasbecher des Glasdekorateurs Joseph Mildner aus Gutenbrunn.

Panorama mit allen sichtbaren Erhebungen (sogar Watzmann und Hochschwab) auf eine Kupferplatte stechen ließ. Das große Schau-Erlebnis auf dem Weinsberg ist jedoch der Wald, der unter dem Gipfel weit, unendlich weit ausgebreitet liegt.

Ab 1768 hatte Freiherr Joseph Weber von Fürnberg die Wälder um den Weinsberg erworben, Holzschwemmen zur Donau hinunter ausgebaut und bald lieferte er fast die Hälf-

Deutlich zu erkennen ist auch heute noch der Graben, der zum Eingang der (jetzt verstürzten) „Berglucke" führt.

te des Brennholzbedarfes von Wien. Er ließ schlägern, schlägern, schlägern – doch als Kaiser Joseph II. den Raubbau an den Wäldern verbot und eine Wiederaufforstung vorschrieb, verkaufte er sofort diesen Besitz und machte seine weiteren Geschäfte im Postwesen. „Unermüdliche Tätigkeit war die Haupttugend seines Charakters", steht auf seinem Grabstein an der Kirche von Wieselburg. – Er war ein Urahn von jenen Menschen, von deren Art es jetzt weltweit fast schon zu viele gibt.

Fürnberg hatte Hunderte von Holzknechten beschäftigt und darunter waren auch die zwei Brüder Georg und Johann Hubmer aus Gosau (Georg war 17 Jahre alt, als er seine Heimat verlassen hatte). Ab 1772 ließ Fürnberg die Schwemme durch das Weitental großzügig ausbauen und bei der Arbeit an der „Berglucke" konnte der junge Hubmer wertvolle Erfahrungen gewinnen, die ihm später bei seinem „Durchschlag" am Gscheidl zugute kamen.

Um die Holzscheiter aus den Wäldern zur Donau hinabzuschwemmen, wurde viel Wasser gebraucht. Um den notwendigen Wasserdruck fürs Schwemmen zu gewinnen, wurde Wasser in Schwemmteichen gesammelt. Diese Schwemmteiche mussten aber nach jedem Schwemmen wieder aufgefüllt werden und dafür wurde im wasserarmen Waldviertel jedes kleinste Wässerlein genutzt. Um den Schwemmteichen mehr Wasser zuzuführen, wurde mit der „Berglucke" die Wasserscheide zwischen Ysper und Weitenbach durchbohrt und das sonst zur Ysper abfließende Wasser dem Weitenbach zugeführt.

Um die 200 Meter Länge hatte der Tunnel, die Straße Gutenbrunn–Bärnkopf führt heute über ihn hinweg. Ein- und Ausgang der „Berglucke" sind verstürzt, ihr Verlauf lässt sich aber mit der Wünschelrute noch immer verfolgen. Am Eingang der Lucke hatte Fürnberg einen Kuppelbau errichten lassen, auf dem ein Engel ein Schild mit seinem Porträt hielt. Er ist längst verschwunden.

Tiefe Gräben lassen aber heute noch Ein- und Ausgang des Tunnels erkennen, der bereits ein halbes Jahrhundert vor dem berühmten „Durchschlag“ am Gscheidl entstand – und somit als eines der spektakulärsten Bauwerke aus den Anfängen des Industriezeitalters anzusehen ist. Viel Müh’ und Plag’ hat damals noch das Gewinnen vom Energieträger Holz gekostet, doch manche der heutigen neuen Energien kosten noch viel mehr.

Vor unserem ersten Besuch der „Berglucke“ wussten wir nur ungefähr, wo sie zu finden sei. Genaueres wollten wir in Gutenbrunn erfragen. Die Leute, die wir dort fragten, wussten das auch nur ungefähr. Doch dann trafen wir einen Straßenarbeiter, der Exaktes wusste ...

Dort wo die Berglucke ist, dort endet auch die Straßenbetreuung vom Markt Gutenbrunn ... „Unser Asphalt ist ein bisserl anders. Sie brauchen nur genau auf die Straßn zu schauen und wo unser Asphalt aufhört – dort san’s bei der Bergluckn!“

So wie an diesem Tag sind wir noch nie in einem Auto gefahren ... Wiesen, Felder, Wälder links und rechts der Straße waren uns piepschnurzegal, wir schauten nur auf den Asphalt ...

„Da ist er anders!“ – War er nicht, er war nur feucht. Dort wo der Asphalt wirklich anders ausschaute, hielten wir. Dort waren wir – wie uns ein Bauer auf einem Traktor sagte – schon um einen Kilometer zu weit gefahren.

Dabei ist die „Berglucke“ ganz einfach zu finden! Die Postbuslinie Gutenbrunn–Bärnkopf hat eine Haltestelle „Berglucke“ und genau dort führt unter der Straße der Tunnel dahin.

Phänomen Kirlingstein

Der „Kirlingstein“ bei Wurmbrand ist einer der interessantesten Schalensteine unseres Landes. Schalensteine (siehe auch Seite 32) gibt es unzählige und darunter auch viele, in denen – zur Freude der Fotografen – Wasser steht, in dem sich der Himmel spiegelt. Doch in besonders regenarmen Sommern versiegt auch dieses Wasser. Das Wasser im Kirlingstein versiegt auch in solchen Sommern nicht.

Das haben wir nicht glauben wollen und das hatte uns schon viel Schweiß gekostet. Denn bei jeder „Hitzewelle über Europa“, wenn andere Leute baden gingen und so mancher Löschteich der Feuerwehren am Austrocknen war, sind wir zum Kirlingstein um das Wunder zu erleben, dass auch seine Schale trocken ist. Sie war immer voll Wasser.

Ein solcher Stein hat natürlich schon seit langer Zeit die Phantasie der Landbewohner bewegt. Es wurde erzählt, dass die Gottesmutter Maria, als sie auf der Flucht nach Ägypten durchs Waldviertel kam, die Windeln des Jesuskindes darin gewaschen hat und das Wasser der Schale seither wundertätig sein soll. Kurzsichtige Augen macht eine Waschung damit wieder scharf und müde Beine macht es wieder munter und Mädchen lässt es zu Schönheiten erblühen.

Heute ist der von hohen Bäumen umgebene Stein ein geschütztes Naturdenkmal. Auf großen Felsblöcken liegt der einem Brotwecken gleichende Stein mit der Wasserschale. Eine Holzleiter bringt zu ihr hinauf und schon oft

Die auch in heißesten Sommern wasserhältige Schale auf dem „Kirlingstein“

haben wir in sie hineingeschaut und doch keine Antwort auf die Frage gefunden, warum justament in ihr das Wasser auch dann nicht verdunstet, wenn in heißen Tagen in tausenden anderen Schalen das Wasser längst ausgetrocknet ist.

Man erzählte uns von einer kleinen Gruppe von Studenten, welche in den Sommerferien alles Wasser aus der Schale geschöpft hatte und sie anschließend sogar mit Tüchern trockenrieb. Danach haben sie auf der Wiese neben dem Wald ein Zelt aufgestellt. Es gab eine Woche lang keinen Regen, aber zuletzt stand in der Schale bereits wiederum das Wasser.

Schon viele Leute haben versucht eine Erklärung für das Phänomen der so genannten „nassen Schalen“ zu finden. Bringt Luftfeuchtigkeit das Wasser? Aber warum gibt es oft dicht neben den nassen Schalen trockene? Gibt es ganz feine Haarrisse im Gestein, durch die Wasser aus dem feuchten Boden höher steigt? Doch am Kirlingstein hat der Riesenblock mit der Schale keine Bodenhaftung, liegt auf anderen Steinen.

In Italien, am Fuße des Monte Cimino bei Viterbo, waren wir einem ähnlichen Phänomen begegnet. In dem Kloster S. Eutizio gibt es eine Katakombe um das Grab des um das Jahr 270 hingerichteten Märtyrers Eutizio. Darin wird auch der Altarstein aufbewahrt, auf dem der Heilige die Messe gelesen hat. Und dieser Stein schwitzt zu gewissen Zeiten und diese Flüssigkeit wird dann in einer Fassung gesammelt und gilt als wundersam.

Eine solide Holzleiter bringt uns auf den „Kirlingstein" bei Wurmbrand.

Ein junger Mönch hatte uns zu dem Stein geführt und erzählt, dass er bei seinem Eintritt in das Kloster diese Geschichte überhaupt nicht geglaubt hat – bis er dann mitten in einer schon länger dauernden Trockenperiode den Stein mit eigenen Augen schwitzen sah. Viele Fachleute, viele Professoren hatte er schon seither zu dem Stein geführt und keiner konnte bis jetzt eine logische Erklärung für das Phänomen finden. „Aber es muss ja nicht alles auf der Welt erklärbar sein!", hatte er lächelnd gesagt. „Außerdem müssen wir auch den Menschen von morgen etwas zum Erklären übrig lassen!"

Wahrscheinlich wird auch für die Wasserschale am Kirlingstein einmal eine Erklärung gefunden werden. Wir besuchen ihn aber auch ohne Erklärung gerne, wenn wir in seiner Nähe sind, und lassen uns von dem geheimnisvollen Zauber einfangen, der ihn umgibt.

Bei unserem ersten Besuch des Kirlingsteins gab es noch kein „Mystisches Waldviertel" mit Hinweistafeln (und auch so manchem Gschnas, der neben den Steinen aufgebaut wurde). In Wurmbrand haben wir einen Bauern gefragt, wo der Kirlingstein zu finden sei ...

„Der Kirlingstein ... der ist ganz leicht zu finden. Da geht's bis zu unserem Acker, von dort nach links in den Wald eini und dort seht's ihn schon!"

„Wo ist euer Acker???"

Darauf hat uns der Bauer ganz erstaunt angeschaut ... „Ah, des wisst ihr net?"

Der Erdstall von Kleinzwettl

Die im 12. Jahrhundert entstandene Wehrkirche von Kleinzwettl steht auf einem Hügel, hat noch eine Wehrmauer und ein Turmtor mit Zinnen und Vorrichtungen für eine Zugbrücke. Und rundum sind noch Graben und Erdwall einer bereits vor der Erbauung der Kirche errichteten Wehranlage zu sehen.

So einmalig wie das Äußere der Kirche ist auch ihr Inneres ... die alten schmalen Betbänke, auf denen sogar bei der fadesten Predigt niemand einschlafen kann ... die Schlusssteine an der Decke mit den Darstellungen von Arbeitsgeräten ... gotische Kanzel, gotisches Sakramentshäuschen und außerdem sieben bedeutende gotische Bildwerke.

Aber das Besondere in dieser Kirche liegt unter den Steinplatten vor dem Hochaltar!

Eine der Platten hat einen kleinen Eisenring in der Mitte. Neben dem Altar liegt ein dicker Holzprügel mit einem Eisenhaken. Damit lässt sich die schwere Steinplatte heben und ein dunkles Loch tut sich auf ... der Einstieg in einen der schönsten und interessantesten Erdställe unseres Landes ist frei.

Erdställe sind künstliche Höhlensysteme mit Gängen, kleinen Kammern und vor allem mit engen Schliefröhren. Ihre Eingänge befinden sich in Kellern alter Häuser oder in Gräben und Schluchten draußen in der Landschaft und einige auch an Hausbergen. Es gibt sie nicht nur in Österreich, es gibt sie in vielen Ländern Europas. Als geheimnisvoll gelten sie überall.

„Was sind Erdställe?“, hatte 1989 ein Heimatforscher gefragt und gleich darauf die Antwort gegeben: „Wer es weiß, ist kein Heimatforscher!“ – Ein anderer Heimatforscher hatte seinen Beitrag über das Erdstallproblem abgeschlossen mit einem Tucholsky-Zitat: „Alles ist richtig, auch das Gegenteil!“ Seit dem Beginn der Erdstallforschung (das war bei uns um 1880) stehen zwei Meinungen einander gegenüber:

- Die Erdställe waren in Kriegszeiten Zufluchtsstätten oder Verstecke für Vorräte und Wertsachen.
- Die Erdställe hatten eine kultische Funktion.

Einig wurden die Vertreter beider Meinungen bisher nur in einem Punkt: Die Erdställe entstanden frühestens im Mittelalter. Und eine Erfahrung wurde gemacht: Es können von Beobachtungen in einem oder einigen Erdställen keine Schlussfolgerungen auf alle gezogen werden.

Viele der Erdställe sind ganz bestimmt als Zufluchtsstätten angelegt worden – diese haben aber größere Gänge und Kammern. Auch Verstecke für Bergegut gibt es viele – die Landbewohner nennen sie „Hauslöcher“. Doch die Anlagen mit den engen Schliefröhren und mit Kammern, in denen ein Mensch weder liegen noch stehen kann, scheinen für einen längeren Aufenthalt kaum geeignet zu sein.

Solche Schliefröhren können manchmal zu extremen Turnübungen zwingen. Die berühmte Höhlenforscherin und jetzt auch Erdstallforscherin Edith Bednarik beschreibt, wie eine solche im Großriedenthaler Hausberg zu bewältigen ist: „Beim Abstieg aus der Kuppel

Wehrmauer und Torturm der Wehrkirche Kleinzwettl

muss man zunächst kniend die Unterschenkel in den niederen Gang einfädeln, sich dann in Sitzlage drehen, um schließlich schliefend mit den Füßen voraus in die davorliegende Kammer zu gelangen.“ – Alles klar?

In vielen Erdställen unserer Zonen (aber auch europaweit bis nach Spanien und Portugal) gibt es Rundgänge, welche meist am Ende der Erdställe sind, Spindeln genannt werden und für deren Zweck noch immer nach Antworten gesucht wird.

Der deutsche Erdstallforscher Karl Schwarzfischer will in den Erdställen symbolische Aufenthaltsorte für tote Vorfahren erkennen, Leergräber. Die Spindeln würden Ringkrypten darstellen (so wie in den mittelalterlichen Kirchen die Rundgänge um besonders verehrte Gräber genannt werden). Zu ähnlichen Erklärungen kamen auch andere Erdstallforscher.

In einer Diplomarbeit (1997/98) über Erdställe kommt hingegen Manfred Macek zu dem Schluss, dass diese Rundgänge für bessere Luftzufuhr (Bewetterung) in den Erdställen angelegt worden sind.

Heilige Dreifaltigkeit (Ende 15. Jahrhundert) in der Kirche von Kleinzwettl

Auch im Erdstall von Kleinzwettl gibt es eine solche Spindel. Dieser Erdstall hat eine Ganglänge von fast 40 Metern, zählt daher zu den größeren Anlagen. Er ist aus dem Fels gehauen, hat verhältnismäßig hohe Gänge (ca. 1 Meter) und zählt daher zu den „freundlichen Erdställen“.

Die Spindel ist an seinem Ende. Besucher, die noch nie in einem Erdstall waren, glauben darin mindestens hundert Meter weit vom Einstiegsloch entfernt zu sein, haben jedes Gefühl für Entfernungen und auch Zeit verloren.

1980 hat eine Gruppe von Idealisten den Erdstall gesäubert. Dabei mussten sie schon nach weniger als einer Stunde Arbeit diesen wieder verlassen, weil der noch vorhandene Sauerstoff nicht einmal mehr für das Kerzenlicht ausreichte.

1991 fand in Oberösterreich ein Internationaler Erdstallforscherkongress statt. Bei einer Exkursion führten wir unsere ausländischen Gäste auch in den Erdstall von Kleinzwettl. Ein französischer Bergwerksingenieur hatte ein Sauerstoffmessgerät mit dabei und nachdem etwa 20 Personen (in drei Gruppen) durch den Erdstall gekrochen waren, ist der Sauerstoff darin bereits so knapp gewesen, dass bei solchen Werten in Bergwerken die Arbeit schon eingestellt worden wäre. Das spricht gegen die Annahme, dass solche Erdställe Zufluchtsstätten waren.

Im Erdstall der Kirche von Kleinzwettl

Andererseits: Drei Linzer Höhlenforscher haben sich 48 Stunden in einem Erdstall einschließen lassen – und das gut überstanden.

Daher: Keine Schlussfolgerungen von einigen Erdställen auf alle!

Vor fast fünf Jahrzehnten sind wir mit einem etwas mulmigen Gefühl in unseren ersten Erdstall hineingekrochen. Seither waren wir in unzähligen anderen, doch auf viele offene Fragen suchen wir noch immer eine Antwort.

„Dann waren Ihre vielen Erdstallbesuche eigentlich eine verlorene Zeit?“, wurden wir vor kurzem gefragt. So haben wir das bis jetzt eigentlich nicht gesehen.

Wir sind bei unseren Erdstall-Erkundigungen in Orte gekommen, die wir sonst nie aufgesucht hätten, und mit vielen Leuten sind wir auf ganz besondere Weise bekannt geworden ...

So gastfreundlich die Wein- und Waldviertler sind – in ihre Hauskeller, in denen sich die Erdstalleingänge meist befinden, lassen sie nur ungern Fremde hinein. Das ist ihr privatester Bereich und da wollen sie schon genau wissen, wer da hinein will. Das durften wir immer erst dann, wenn wir in der Küche oder Stube ein bisserl miteinander geplaudert haben und aus Unbekannten dann Bekannte geworden sind.

Als wir in Röschitz nach einem solchen „Vorstellungs-Gespräch“ dann unsere Lampen für den Erdstall hervorholten, sagte der Bauer: „So schnell geht das nicht, Leut'! Bevor ihr in meinen Erdstall dürft, müssen wir noch ein Glasl von meinem Wein miteinander trinken!“

Dieser Erdstall in dem Haus aus dem

17. Jahrhundert ist interessant und wir haben ihn daher noch einige Male aufgesucht. Und als wir wieder einmal kamen, stand die Bäuerin im schwarzen Kleid vor uns. „Jetzt wart i, bis auch i drankomm!“, sagte sie leise.
Uns war's, als hätten wir mit dem alten Weinbauern einen guten Freund verloren.
Beim nächsten Besuch fanden wir das Tor des Hauses verschlossen. Da war auch die Bäuerin verstorben.
Im Waldviertel hatte ein Bauer vor dem Eingang in seinen Erdstall einen riesigen Haufen Erdäpfel gelagert. Große Enttäuschung. Doch der Bauer sagte ganz ruhig: „Wenn ihr schon von Wien aus zu meinem Erdstall kommen seid's, dann müssen wir die Erdäpfel halt wegschaufeln!“
Das taten wir dann auch gemeinsam.
Besonders originell war der Einstieg in einen Erdstall in Wolkersdorf. Dieser war zufällig bei Kanalarbeiten entdeckt worden und unter einem Kanalschacht inmitten einer Straße war der Einstieg.
Ein Gemeindeangestellter hob den Kanaldeckel, ein Gendarm passte auf, dass kein Auto dagegen fuhr. Natürlich waren die Schliefröhren dieses Kanal-Erdstalls voll von dickem zähem Schlamm. „Seid's ihr des wirklich?“, rief der Gendarm, als wir von den Schuhspitzeln bis zu den Haaren voll Dreck wieder aus dem Kanal herausstiegen. Heilfroh waren wir, dass wir mit ihm als Geleitschutz das nächste Gasthaus aufsuchen konnten, in dem wir den ärgsten Dreck abkratzten.
Abenteuerlich war es in Radlbrunn. In einer Lössschlucht fanden wir mehrere Löcher in der Wand, die alle schon arg verfallen waren. In einem kamen wir in einen Gang und so wie in einem Postamt die Schließfächer, so waren in ihm kleine Kammern nebeneinander gereiht zum Verstecken von Vorräten und Wertsachen bei Feindgefahr.

Die „Schließfächer“ in Radlbrunn

In diese Löcher sind wir nur einzeln hineingekrochen, weil „wenn das Glumpert einstürzt, dann ist wenigstens nur einer von uns hin!“ – So feinfühlig hatte das einer der Freunde formuliert.
Der steinerne Erdstall von Kleinzwettl ist wie schon gesagt ein „freundlicher“. Als wir ihn 1991 den Teilnehmern des Erdstallforscherkongresses zeigten, war nachher ein Franzose von ihm so begeistert, dass er sagte, wir Österreicher seien um ihn zu beneiden.
Ist es nicht schön, dass auf dieser Welt auch noch solche Sachen Neid erregen können?

Die „Heilklamm“ von Bad Kreuzen

Die Wolfsschlucht bei Bad Kreuzen ist keine wilde Klamm, in der das Wasser tobt, sondern eine romantische, in der das Wasser rauscht. Das Besondere an ihr ist, dass sie bereits im 19. Jahrhundert zu einem Kurmittel gemacht wurde.

Die Wasserfälle wurden zu Duschen, bei denen der Wasserstrahl von 2–3 Zoll Dicke (1 Zoll = 2,63 cm) in einer Fallhöhe von 18–22 Fuß (1 Fuß = 31,6 cm) auf die Kurgäste niederprasselte, wobei – galant! – bei den Damen der Wasserstrahl dünner und die Fallhöhe geringer war. Die natürlichen Wasserbecken dienten als Voll- und Wellenbäder.

Der „Badstein“ vor dem Eingang in die Wolfsschlucht bei Bad Kreuzen.
Linke Seite: In der Wolfsschlucht bei Bad Kreuzen.

„Wenn man hier in tiefer Einsamkeit von der übrigen Welt aufs Vollkommenste abgeschlossen ein Voll- oder Wellenbad nimmt, so glaubt man wirklich sich in der Unterwelt, der Wohnung der Najaden zu befinden“, heißt es in einer 1850 von Ritter Josef von Moczarski verfassten Broschüre über *Die Kaltwasser-Heilanstalt Kreuzen.*

Und weiter: „Die Lage dieses Wellenbades dürfte an Großartigkeit von keiner jetzt bekannten Heilanstalt erreicht, viel weniger übertroffen werden.“

Zuletzt gerät der Autor in Ekstase: „Ganz schwindelnd wird man an diesem Naturwunder!“ – Hoppala! Das dürfte doch kein erwünschter Heilerfolg sein!

Der geistige Vater dieser „Heilklamm“ war der Naturheiler Vinzenz Priessnitz (1799–1851) aus Gräfenberg in Österreich-Schlesien. Als Bauernbub hatte er beobachtet, dass verletzte Tiere kaltes Wasser als Heilmittel suchen. Nach einem schweren Unfall im Jahre 1816 (durch scheuende Pferde ist ein Wagen über seinen Körper gerollt) war er nach Diagnose des Stadtarztes ein Todeskandidat oder konnte nur lebenslang ein Krüppel bleiben. Priessnitz heilte sich selber durch Auflegen von nassem ausgewundenem Leinen, das durch ein trockenes Tuch festgehalten wurde. Das sprach sich herum, Leute aus der Umgebung kamen mit ihrem Leiden zu ihm.

In der darauf entstandenen Wasserheilanstalt in Gräfenberg hatte Priessnitz an die 40.000 Menschen persönlich behandelt.

Nicht nur aus ganz Europa kamen Kranke zu ihm, es kamen auch Australier und Amerikaner, Ägypter, Araber, Brasilianer. Bauern und Handwerker waren seine Patienten wie auch der österreichische Erzherzog Karl, der König von Sachsen und Chopin.

Der kalte „Priessnitzumschlag“ ist heute noch ein Begriff. Priessnitz: „Es ist nicht die Kälte, die heilt. Es ist die Wärme, die im Körper als Reaktion auf das kalte Wasser erzeugt wird.“

Priessnitz verwendete nicht nur Wasser als Heilmittel, er setzte auch die Natur ein: Entspannung an stillen Waldwegen oder Barfußgehen auf der „Barfußwiese“ in Gräfenberg. Auch über Ernährung hatte er eigene Vorstellungen ... seine Gäste bekamen nur kalte oder lauwarme Speisen serviert.

Der Naturheiler Priessnitz war ein berühmter Mann geworden, an vielen Orten entstanden ebenfalls Kaltwasser-Heilanstalten. Auf Initiative des damaligen Herrschaftsbesitzers Herzog Ernst von Sachsen-Coburg reiste der Wundarzt Maximilian Kheil zu Priessnitz nach Gräfenberg, um dessen Wassertherapie zu studieren; 1846 wurde auch in Kreuzen eine Wasserheilanstalt eröffnet. Heute ist es ein „Kneippkurheim“.

Pfarrer Sebastian Kneipp (1821–1897) hatte ebenfalls im Wasser ein Heilmittel gesehen und die „Kneippkur“ ist (so wie der „Priessnitzumschlag“) heute noch immer ein Begriff. Weniger bekannt ist, dass Kneipp schon zu seinen Lebzeiten heftig angegriffen wurde, weil er die Erkenntnisse von Priessnitz als die seinen ausgegeben hat (*Meine Wasserkur* heißt sein 1886 erschienenes Buch) und in Wahrheit nur ein höchst unfairer Nachahmer war.

Eine das Gemüt bewegende Umgebung vermag die Heilkraft des Wassers noch zu steigern. Auch das war eine Vorstellung von Vinzenz Priessnitz; in Kreuzen wurde sie aufgegriffen und die Wolfsschlucht in eine „Heilklamm“ umgewandelt.

Von der Wolfsschlucht wird erzählt: Ein Priester soll bei einem Versehgang von einem Wolf verfolgt worden sein, sprang in seiner Todesangst über die Schlucht, der ihm nachspringende Wolf stürzte aber in die Tiefe. Nach einer älteren Version dieser Geschichte war es ein Bär, der den Priester verfolgt hatte. Carl Maria von Webers Oper *Der Freischütz,* in der eine Wolfsschlucht Schauplatz der Handlung ist, wurde 1821 uraufgeführt. Diese romantische Oper hatte die Menschen fasziniert, durch sie dürfte der Bär der Kreuzener Sage zum Wolf und die Schlucht zur Wolfsschlucht geworden sein.

Neben dem Weg vom Ort in die Wolfsschlucht liegt ein Felsblock mit einer sauber eingemeißelten Wanne. Lange Zeit war diese von Erde überdeckt, erst 1988 wurde sie ausgegraben und – weil sie so urtümlich ausschaut – zuallererst für einen Opferstein gehalten. „Badstein“ wird der Felsen jetzt genannt, aber ob die Wanne für Bäder bestimmt war oder bloß ein Symbol für den Badebetrieb, lässt sich heute nicht mehr feststellen.

Von den vielen Holzbauten, welche unter der Anleitung des Badearztes Kheil damals in der Schlucht errichtet wurden, sind heute nur noch die Fundamente und Pfostenlöcher zu sehen. Es stehen aber Informationstafeln mit

Die Energie stürzender Wasser – ein Heilmittel. Das haben exakte wissenschaftliche Untersuchungen in letzter Zeit ergeben. In der Wolfsschlucht ist diese Erkenntnis bereits im 19. Jahrhundert praktisch angewandt worden.

Reproduktionen von alten Ansichten an den Plätzen, an denen sich einst die Duschen und Wellenbäder (natürlich höchstmoralisch „für jedes Geschlecht“ abgesondert) befunden haben. Es war eine großartige Idee, diesen in seiner Art einmaligen „Badekultur-Wanderweg“ zu schaffen.

Große Bewunderung für die Kurgäste von anno dazumal empfindet heute der Begeher dieses Wanderweges. War es doch ein ziemlich langer Anmarsch, den sie vom Kurhaus hinunter zu den Duschen und Bädern in der Wolfsschlucht zurücklegen mussten.

Sie sind nicht lange so anmarschiert! 1869/70 entstand ein neues Kurhaus und das Heilmittel Natur wurde der Bequemlichkeit geopfert. Im neuen Haus gab es Bassins für Vollbäder und mit Ansatzstücken an Brausen konnten Regenduschen oder Strahlduschen genommen werden.

Wasserfälle und Wasserschluchten haben durch die aus dem stark bewegten Wasser strömende Energie eine positive und belebende Wirkung auf Menschen. Vor Wasserfällen und in Klammen wird man daher nur selten grantigen Leuten begegnen.

Diese Energie der stürzenden Wasser in Verbindung mit der Kaltwassertherapie und dazu noch das grüne Moos auf den Felsen als Blaue Blume der Romantik – das alles hat (wenn auch nur für kurze Zeit) in der Mitte des 19. Jahrhunderts einen in seiner Art einzigartigen Heilplatz entstehen lassen. Und das macht auch heute noch eine Wanderung durch die Wolfsschlucht zu einem besonderen Erlebnis.

Drei Stunden auf einer Insel

„In drei Stunden bin i wieder da!“, sagte der Bootsmann, warf den Motor an und fuhr davon. „Wir fahren auf eine einsame unbewohnte Insel!“, hatten wir unseren Freunden vorher erzählt. Jetzt standen wir auf ihr. Keine Insel im weiten Meer, sondern inmitten der Donau.

Die Donauinsel Wörth bei Grein ist ein recht eigenartiges Stück Österreich. Schon seit der Jungsteinzeit haben sie Menschen aufgesucht und vermutlich war auf ihr auch ein Kultplatz. Auf dem 30 Meter hohen Inselfelsen wurde im 12. Jahrhundert eine Burg errichtet und bis zum Jahr 1862 befand sich sogar ein Bauernhof mit Wiesen und Feldern darunter. Im 19. Jahrhundert waren die Herzöge des Hauses Sachsen-Coburg Besitzer der Insel und nach dem Tod des mit Königin Victoria von Großbritannien verheirateten Herzogs Albert erbte diese auch das Mini-Inselchen in der Donau.

Heute ist es auf der Insel so einsam, dass man nach der Landung am Ufer das Gefühl hat, bisher unbetretenen Boden zu betreten. Weich ist dieser Boden. Jedes größere Hochwasser schwemmte Erde weg und neue an. Heute ist die Insel 700 Meter lang und bis zu 300 Meter breit. Früher war sie einmal mehr als 1200 Meter lang. „Tiefdunkler Waldbestand und undurchdringliches Weidengebüsch hüllen die Insel ein. Ein kleiner, melancholischer Teich, von verwitterten moosbedeckten Granitblöcken umsäumt, liegt im Felsmassiv der Insel eingebettet. Alte Tannenbäume, von Efeu umrankt, der

Große Überraschung: Inmitten der Donauinsel Wörth gibt es einen Teich!

den Stämmen entlang zu den sonnigen Baumwipfeln emporklettert, spiegeln sich in der düsteren Fläche des Inselteiches" – das schrieb der Schriftsteller Franz Herndl in einem 1918 von der „Insel-Wörth-Gesellschaft" herausgegebenen Flugblatt. Den „melancholischen Teich" inmitten der Insel gibt es noch immer. Wir haben ihn freilich nur durch einen von herumschwirrenden Gelsen gebildeten Schleier gesehen ...

Hoch überragt der Burgfelsen die Urwaldlandschaft. Aus Fels gehauene Stufen bringen durch seine Steilwand auf das kleine Gipfelplateau mit den wild verwachsenen Trümmern der mittelalterlichen Burg. Dann sind es noch einige Schritte zum Gipfel des Felsens.

Im Land der Berge und Land am Strome ist dieser Felsgipfel inmitten der Donau einzigartig. Als wir auf ihm saßen, glitt ein Ausflugsschiff unter uns dahin. Wir winkten, die Leute auf dem Schiff fotografierten uns. „Schönen Tag noch!", rief einer zu uns herauf. Den hatten wir sowieso ...

... obwohl wir uns an einem Ort befanden, der einst weithin als Schreckensort verrufen war. Denn der hohe Inselfelsen war nicht der einzige im Flussbett – da gab es noch etliche kleinere, welche an dieser Engstelle der Donau für die Schiffer gefährliche Strudel und Wirbel bildeten. Eine Schiffsreise durch diese Stromschnellen war daher ein großes Abenteuer und noch am Beginn des 19. Jahrhunderts wurde den Reisenden empfohlen, dass man diese am besten „mit geschlossenen Augen passieren soll".

Angst vor diesen Stromschnellen hatten schon die Menschen der Urzeit, welche von der Jungsteinzeit an mit ihren Booten auf der Donau unterwegs waren. Vor oder nach den gefährlichen Stellen brachten sie den Wassergottheiten Bitt- oder Dankopfer dar. *Der Greiner Strudel als urgeschichtliche Fundstätte* ist der Titel einer 1942 erschienenen Bestandsaufnahme dieser Flussopfer (Steinbeile, Bronzewaffen u. a.). Aus der Römerzeit stammen dann etwa 400 Münzen. Das heutige Hineinwerfen von Münzen in Sehenswürdigkeits-Brunnen hat Tradition.

Auch das 1552 auf dem Gipfel des Inselfelsens aufgestellte Wörther-Kreuz soll eine Danksagung an die Gottheit sein.

Die Sage vom Wörther-Kreuz: Im Jahre 1540 reiste ein Tiroler Graf mit seiner eben angetrauten jungen Frau nach Wien. Im Strudl kenterte das Schiff. Ein Diener brachte den Grafen ans Ufer; die Gräfin und die Schiffsmannschaft verschwanden in den Fluten, wurden aber nach St. Nikola abgetrieben. Jeder der Eheleute glaubte an den Tod des anderen. Die Frau reiste weiter nach Wien, der Mann wurde zum Einsiedler auf der Insel Wörth. Zwölf Jahre später erfuhr die Frau von dem Einsiedler, und so trafen sich die Eheleute wiederum. Zum Gedenken an das Unglück und an das Wiedersehen nach langer Trennung ließen sie das Steinkreuz auf dem höchsten Punkt des Felsens aufstellen.

Schon zur Zeit, in der das Wörther Kreuz errichtet wurde, wollte man auch versuchen, die gefährlichen Felsen im Wasser zu beseitigen. 1575 kamen im kaiserlichen Auftrag Bergknappen aus Tirol, welche – wie es hieß – Übung im Steinebrechen unter Wasser hatten, nach Grein. Doch die Greiner taten alles, damit sie nicht zum Steinebrechen kamen.

Für sie waren Strudl und Wirbl das große Geschäft. Sie stellten die Lotsen für das Passieren der Engstelle. Sie betrieben den Transport kostbarer oder zu gewichtiger Waren auf dem Landweg zwischen Grein und Sarmingstein. Ihnen und der Grundherrschaft gehörte – nach alten Privilegien – das Strandgut zerschellter Schiffe. Und weil die Greiner „nit gar so gern sehen, wenn die Furcht dies Orts geräumt, die Gefahr gewendet und ihnen dadurch ihre alte lang hergebrachte Dienste und Nahrung abgestrickt würde" – darum mussten die Schwazer Bergknappen wieder heimfahren und die gefährlichen Felsen unversehrt lassen. Fürs Geschäft ist man auch schon anno dazumal sogar über Wasserleichen gegangen.

Im 18. Jahrhundert wurden die ersten Arbeiten zur Sicherung der Schifffahrt durchgeführt. Nachdem im Jahre 1854 die kaiserliche Braut Elisabeth auf ihrer Schiffsreise zur

Hochzeit nach Wien bei einer Havarie im Strudel in allerhöchste Gefahr geraten war, ließ Kaiser Franz Joseph dann die Arbeiten zügiger fortsetzen. Im 20. Jahrhundert wurden sie abgeschlossen.

Unzählige Sagen gibt es um den Strudel und Wirbel und um die Insel Wörth. Es gibt aber auch eine recht kuriose Geschichte ...

Im Jahre 1901 erschien der *mystisch-sociale* Roman *Das Wörtherkreuz,* in dem der Greiner Schriftsteller Franz Herndl (1866–1945) in der Lösung der „Frauenfrage" das Heil für eine höhere Entwicklung der Menschheit sah.

Im Jahre 1905 erschien das erste Heft der von Lanz von Liebenfels herausgegebenen Zeitschrift *Ostara,* in der dagegen verkündet wurde, dass die Freiheit des Weibes den Niedergang jeder Rasse bedeute. Jörg Lanz von Liebenfels (1874–1954) nannte sich der Lehrersohn Adolf Lanz aus Wien-Penzing erst später, als er seine Lehre von der Überlegenheit der reinrassigen Blonden gegenüber den dunklen Minderrassigen verkündete und einen „Orden des neuen Tempels" gegründet hatte. Hitler hatte viele von diesen Gedanken (manche sogar wortwörtlich) in *Mein Kampf* übernommen. Als der „Führer" 1938 in Österreich einmarschierte, verhängte er daher sofort Schreibverbot über seinen „Lehrmeister".

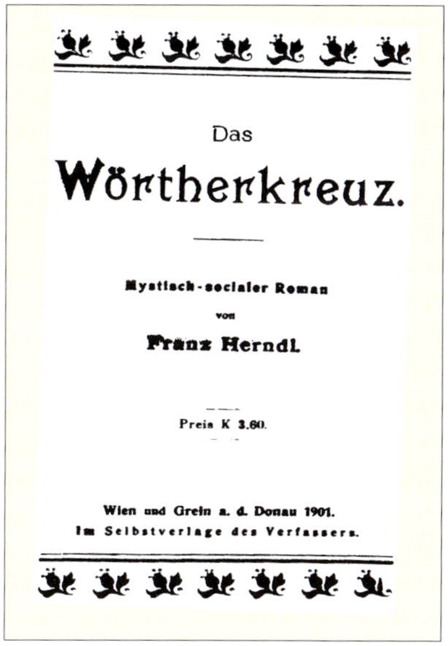
Das

Wörtherkreuz.

Mystisch-socialer Roman

von

Franz Herndl.

Preis K 3.60.

Wien und Grein a. d. Donau 1901.

Im Selbstverlage des Verfassers.

Franz Herndls Roman Das Wörtherkreuz *wurde bei seinem Erscheinen (1901) von manchen belächelt, heute gilt er als starker Impuls für die feministische Bewegung.*

Am Donauufer gegenüber der Insel Wörth steht die Burgruine Werfenstein. 1907 hatte sie Lanz von Liebenfels als Sitz für seinen Neutemplerorden erworben und dort hatte er auch in diesem Jahr eine Hakenkreuzfahne gehisst.

Wer diese Neutempler waren? Hohe Militärs, Industrielle ... auch der schwedische Dichter August Strindberg war (als Fra August) einer sowie der jetzt so hochgejubelte Herzmanovsky-Orlando (als Fra Archibald).

In *Das Wörtherkreuz* hatte Franz Herndl die Insel Wörth zum Zentrum seiner neuen Frauenbewegung erklärt. Dass Lanz die nur wenige hundert Meter von ihr entfernte Burg Werfenstein zum Sitz seiner Herrenmenschen gemacht hatte, empfand er als „Kriegserklärung der antifeministischen Bewegung".

„Nun wohlan, ich nahm die Kriegserklärung an", schrieb Herndl dann in seinem 1909 erschienenen sozialreformatorischen Roman *Die Trutzburg.* Lanz hatte eine Hakenkreuzfahne gehisst, Herndl hisste auf dem Felsgipfel der Insel eine Flagge mit einem goldenen Stern auf blauem Grund.

Herndl sah in seinem Roman eine „roman-

Der „Bootshafen" der Donauinsel Wörth

tische Utopie mit untergelegtem Verwirklichungskeime". Um die „Freiheit des Weibes" zu erreichen, sollte der „gesammelte Frauen-Heerbann gegen den Neu-Templer Orden zu einer gemeinsamen Tat" mobilisiert werden. Die Tat: Die Errichtung einer „Trutzburg" auf der Insel Wörth! In einen herrlichen Naturpark sollte die Insel verwandelt werden mit zahmen Hirschen und Rehen und weißen und schwarzen Schwänen auf dem Inselteich.

In der drei Stock hohen spätgotischen „Trutzburg" sollte für ein Jahr lang die aus den schönsten hundert Frauen Europas gewählte Schönheitskönigin residieren ... „Ein mit schwerem Samtteppich belegtes Podium mit reich geschnitzter Balustrade im Stile Louis XV., ein großer Fauteuil unter einem Baldachine, in dessen Rückwand ein herrliches Ornament in Gold gestickt ist" – so beschreibt Herndl den Thronsaal der Erwählten.

Eine Villenkolonie, Hotels, Restaurants, Andenkenläden, ein Post- und Telegraphenamt sollten außerdem errichtet und von einer „Trutzburg AG" finanziert werden.

Aber das alles war – wie Herndl selber schrieb – nur eine „romantische Utopie". Doch justament in dieser Zeit (1908), in der seine Phantasie sich austobte, die Insel in ein Gschnas-

land zu verwandeln, verkaufte sie der Herzog von Sachsen-Coburg und der neue Besitzer wollte darauf eine Zementfabrik errichten. Und jetzt wird die Geschichte skurril ...
Herndl, der soeben noch geschwärmt hatte von einer Grotte, in der „feenhafte Wunder durch elektrisch beleuchtete Spiegel und Prismen erzeugt werden", und von einem Trutzburghof, in dem sich Tausende von Menschen Kopf an Kopf drängen um das Ergebnis der Schönheitskönigin-Wahl zu erfahren – dieser Mann wurde zum Retter der stillen Donauinsel!
Franz Herndl veröffentlichte so viele Zeitungsartikel gegen die Zerstörung der Insel, dass es dann auch zu einem energischen Protest der „Zentralkommission für Erhaltung historischer Denkmäler" kam und zu einer Interpellation im Abgeordnetenhaus.
Die Zementfabrik wurde nicht erbaut und auch nicht die Trutzburg. Doch als wir ganz allein auf dem hohen Felsen der Insel saßen, überlegten wir, was wohl gewesen wäre, wenn der Franz Herndl von einer guten Fee so viel Geld bekommen hätte, um seine Träume von einer Trutzburg auf der Insel Wörth zu verwirklichen. So ist auch noch am Beginn des 3. Jahrtausends die Insel Wörth eine stille Insel. Also ... ganz still ist sie nicht!

Unterwegs auf der Donauinsel

Oben auf dem Gipfelfelsen sahen wir an der gegenüberliegenden Uferstraße wohl viele Autos fahren, aber sie waren fast nicht zu hören. Auch der Donaustrom rauschte nicht, sondern floss sanft an der Insel vorbei. Doch in dem Urwald unter unserem Felsen waren nicht nur die verschiedenartigsten Vogelstimmen zu hören, da gab es auch ein ununterbrochenes Summen und Schwirren, da knackten Äste ... so stellten wir uns auch die „tausend Geräusche" vor, von denen in Berichten über tropische Urwälder zu lesen ist.
Drei Stunden lang hatte die Donauinsel uns ganz allein gehört. Wir stiegen von dem Felsen ab und gingen zum Ufer, wo uns der Bootsmann ausgesetzt hatte ...
„Was machen wir, wenn er uns vergessen hat?"
Er hatte uns nicht vergessen. Schon von weitem rief er uns zu ... „Na so was! Haben euch doch nicht die Gelsen z'sammg'fressen!"

NATUR
DENKMAL

Der nördlichste Berg der Alpen –

Das ist der Eichleitenberg (366 m) zwischen Höflein an der Donau und Hadersfeld, die erste oder letzte Erhebung des 1.200 Kilometer langen Alpenbogens an seinem Abbruch zur Donau. Es ist eine wenig markante Waldkuppe ohne Aussicht und ohne Reiz. Und wer wirklich exakt auf dem höchsten Punkt dieses Berges stehen will, muss sich vorher auf den Bauch legen um diesen zu fixieren (wir haben da oben noch immer darüber gestritten, wo dieser wirklich ist!).

Keine Markierung führt auf den Gipfel, kein Gipfelzeichen. Die eisige Welt des Montblanc, Matterhorn und Eigerwand, Wilder Kaiser und Dolomitentürme – hier enden die Alpen in Stille und Einsamkeit.

Auf dem Eichleitenberg, dem nördlichsten Berg der Alpen. Linke Seite: Der „Hängende Stein" bei Kirchbach im Wienerwald und hoch über dem Tullnerfeld.

Im Jahre 1952 hat der junge Maler Lothar Wanko als erster den Alpenbogen von Wien bis Nizza durchwandert. – Er war auch ein leidenschaftlicher Geograph; von exakten Höhenlinien einer guten Landkarte konnte er mehr schwärmen als von den Kurven einer Frau. Er hat seine Wanderung korrekt auf dem Eichleitenberg begonnen.

Im Jahre 1984 ist das Ehepaar Lukan ebenfalls von Wien durch die Alpen bis Nizza gewandert. Wir waren weniger geographisch. Über die Hochstraße bei Rodaun sind wir durch Jahrzehnte auf unzähligen Wanderungen in den Wienerwald und in die Voralpen losgezogen, über sie wollten wir daher auch unsere Wanderung durch die Alpen beginnen. Wir waren mehr romantisch/sentimental und weniger korrekt.

Auch wenn der Eichleitenberg nur ein fader Mugel ist, so bringt er als letzter Zipfel der Alpen doch die Phantasie und Gedanken in Schwung wie kein anderer Berg des Wienerwaldes.

Hagenbachklamm, Kumenberg und „Hängender Stein"

Die Hagenbachklamm bei St. Andrä ist verhältnismäßig spät (erst 1907) durch Brücken und Stege erschlossen worden. Bis dahin galt sie als „Schluchtenwildnis", in die sich nur „Unerschrockene hineinwagen". Dann kam sie in Mode.

So wie jetzt dieses Skigebiet oder jener Meeresstrand in weiter Ferne über Nacht „in“ werden, so war das schon früher mit Ausflugszielen im Wienerwald. Zwischen den beiden Weltkriegen wurde auf einmal die Hagenbachklamm zum Ziel von Sonntagsausflügen, Osterausflügen, Pfingstausflügen, Schulausflügen, Wanderungen der verschiedensten Jugendbewegungen, Führungstouren alpiner Vereine ...

Ein alter Vereinstourenführer hatte einmal sein Leid geklagt. Keiner seiner Kollegen wollte noch die Klamm führen, weil jeder sie schon so oft geführt hatte, dass er dort schon jeden Laubfrosch persönlich kannte. So hatte er weiterhin die Führungen übernommen, bis ... „dann auch mir die Klamm schon beim Gnack herausgewachsen ist!“ – Das muss man sich bildlich vorstellen.

Eigentlich ist die Hagenbachklamm keine richtige Klamm, sondern nur eine Waldschlucht. Keine wildromantische, sondern stillromantische Waldschlucht. Also auch etwas Erlebenswertes.

Oberhalb vom Eingang in die Hagenbachklamm ist an der von St. Andrä ins Kierlingtal führenden Straße eine Gedenktafel aus dem Jahre 1876, auf der zu lesen ist:

Hier erstürmte Carl der Große
einen Ring der Avaren 791

Diese Tafel müsste eigentlich jetzt unter Denkmalschutz gestellt werden als Denkmal eines historischen Irrtums. Bis in die Mitte des 20. Jahrhunderts geisterten die Awarenringe – ringförmig angelegte Erdwälle – durch die historische und heimatkundliche Literatur.

Der Frühgeschichtsforscher Herbert Mitscha-Märheim berichtet, wie die Fabel von den Awarenringen entstanden ist. Ein alter Krieger erzählte einem Knaben seine Kriegserlebnisse bei dem Awarenfeldzug von Karl dem Großen im Jahre 791, flunkerte dabei auch von eroberten Festungsringen mit (umgerechnet) 100 Kilometern Durchmesser! Der Knabe wurde später Mönch und schrieb Ende des 9. Jahrhunderts das alles brav nieder. Und weil es geschrieben war, galt es dann jahrhundertelang als historische Quelle.

Eine Notiz in einer Urkunde aus dem 10. Jahrhundert berichtet vom Tod des Bischofs Angilram bei dem Feldzug von Karl dem Großen. Konkrete Ortsbestimmung: *Az haga Huno Chumiberg* („Am Hunnenhag am Chumiberg“). Diese Notiz führte dazu, dass eine markante Erhebung über dem Ort St. Andrä später als Kumenberg benannt wurde, weil sich darauf eine Erdbefestigung befindet – ein Awarenring, wie man glaubte. Und so ist dieser Kumenberg dann in der Literatur zum Awarenbollwerk geworden, zum Ort der großen Auseinandersetzungen zwischen West und Ost, zwischen Christentum und Heidentum.

In Wirklichkeit gab es auf dem Kumenberg keinen „Ring der Awaren“. Bei archäologischen Untersuchungen konnte da oben kein einziger Awaren-Fund geborgen werden; auch nichts, was an stattgefundene Kämpfe erinnert (diese fanden irgendwo im Tullnerfeld statt). Hingegen konnte nachgewiesen werden, dass bereits im 3. Jahrtausend v. Chr. Menschen auf dem Kumenberg anwesend waren und das dreieckige Bergplateau um 1600 v. Chr. zu einer befestigten

In der „Schluchtenwildnis“ der Hagenbachklamm.
Ansichtskarte aus dem Jahre 1898 (also noch aus der Zeit, bevor Weg und Stege angelegt wurden).

Siedlung ausgebaut worden ist. Wo waren da noch die Awaren?

Unterhalb von dieser prähistorischen Siedlung ist der „Römerbrunnen“, von dem sich deren Bewohner schon Jahrtausende vor den Römern ihr Wasser geholt haben. Im Jahre 1821 wurde die Quelle in Stein gefasst und diese Fassung schaut – typisch für die Zeit des Klassizismus – eher wie das Portal eines Mausoleums aus.

Vom Römerbrunnen sind es nur wenige Schritte hinauf zur alten Siedlung. Imponierend der etwa 30 Meter breite und 4 Meter tiefe Graben vor dem Siedlungsplateau, bei dem eine natürliche Bodenvertiefung zu einem nur schwer überwindbaren Hindernis ausgebaut wurde.

Die Bergkuppe über dem Tullnerfeld ist aber mehr als nur ein strategisch günstiger Platz. Da oben haben die Menschen nicht nur nach Feinden Ausschau gehalten, sondern auch zu erspähen versucht, ob nicht bald wieder die Sonne aus den Wolken hervorkommt. Da oben haben sie auch gelebt. Dafür haben sie – wie Geo-

Über einem tiefen Graben erhebt sich der Kumenberg, der schon im 3. Jahrtausend v. Chr. besiedelt war.

manten feststellen konnten – fast immer Plätze gewählt, deren Boden frei von Störungen ist, Plätze mit guter Lebensqualität. Nicht nur die Menschen im Fernen Osten waren den heutigen Husch-Husch-Siedlungsplanern (die ihre Häusln irgendwo hinbauen) weit voraus – das waren vor vielen Jahrtausenden auch schon die Leute in unseren Zonen.

So wie der Kumenberg bewegt auch der „Hängende Stein“ bei Kirchbach schon seit langer Zeit die Gemüter. Der Riesenblock, der wie eine geballte Faust über einer Steilwand ins Land hinausragt, ist ein so bizarres Felsgebilde, dass wohl zu keiner Zeit die Menschen achtlos daran vorbeigegangen sind.

Ein heidnischer Opferstein soll er gewesen sein. Aber als solcher erscheint der dicht über einen Abgrund hinausragende Stein wenig geeignet. Ein Opferplatz nur für trittsichere und schwindelfreie Gläubige?

In einer Urkunde aus dem Jahre 985 wird der *Hangintenstein* genannt, den man lange

Zeit im Burgfelsen von Greifenstein sehen wollte, der aber höchstwahrscheinlich unser Stein ist. Er sollte im Mittelalter die Ostgrenze des Passauer Bistums markieren.

Viele Sagen gibt es um den „Schwurstein" in der Burg Greifenstein, aber sie alle sind wahrscheinlich erst in der romantischen Zeit des 19. Jahrhunderts erfunden worden.

Ohne die jetzt dichte Bewaldung darunter war der markante Stein einst weithin sichtbar ... ein unübersehbares natürliches Grenzzeichen.

An diesem Abbruch der Alpen zur Donau verlief zur Römerzeit auch die Grenze der Provinzen Noricum und Pannonien. Und außerdem ist da auch noch eine unsichtbare Grenze. Es kann nicht Zufall sein, dass kein Volk aus dem Osten diese Grenze für längere Zeit überschreiten konnte, weder Hunnen, Awaren, Magyaren, Türken und auch nicht die Soldaten der Roten Armee im Zweiten Weltkrieg. Es konnten sich aber auch keine Heere aus dem Westen länger im Osten halten. Diese unsichtbare Grenze – eine magische Grenze!

Grenzen galten schon seit alter Zeit als etwas Heiliges, Unantastbares. Noch bis in unsere Zeit hinein haben sich um sie alte Kultbräuche erhalten (wie das Abgehen von Ortsgrenzen mit den zu Burschen erwachsenen Knaben). So ist anzunehmen, dass es auch um den „Hängenden Stein" gewisse Rituale gab. Aber nicht er, sondern die markante Kuppe wenige Meter über ihm erscheint dafür als der geeignete Platz. Das ist nach radiästhetischen Mutungen auch ein sehr „positiver Platz", auf dem noch dazu ein Kultstein mit einer Schale und drei kleinen Näpfchen liegt.

Es gibt aber auch stark negative Plätze nahe vom „Hängenden Stein" – zwei hohe Hügel im Wald, unter denen der Heimatforscher Oliver Stummer runde Steinplatten entdeckte, welche den kultischen Steintischen von Maria Taferl und Baden (Karlstisch) gleichen. So wie die Hügel sind auch sie negativ und so stark, dass fühlige Leute davor über Schwindel und Kopfweh klagen. Voll Wut scheinen die Steine einst in die Tiefe geschleudert worden zu sein.

Was waren diese Steine? Wer hat sie in die Tiefe befördert? Viel Rätselvolles gibt es noch um den bizarren „Hängenden Stein"!

Kalksburg: Steinhaus, Monument und Trauerfelsen

In Kalksburg steht neben der Liesing und gegenüber dem Jesuitenkollegium ein seltsames Haus. „Es scheint ein bloß übereinander geworfener Steinhaufen zu seyn“ – so hat es im Jahre 1802 der Kulturhistoriker Franz Gaheis beschrieben. Die kunst- und kulturhistorische Forschung hat es jedoch erst Ende des 20. Jahrhunderts wiederentdeckt. Und obwohl der viel begangene Weg von Rodaun zur Wienerhütte in nächster Nähe vorbeiführt, ist das Steinhaus noch immer nur wenigen Leuten bekannt.

Einer der Steinköpfe an dem „Monument“ hinter dem Jesuitenkollegium Kalksburg. Linke Seite: Einer der vielen „Romantikerwinkel“ mit Felsinschrift auf dem Michaelsberg hinter dem Jesuitenkollegium.

Von 1609–1773 war die Herrschaft Kalksburg im Besitz der Jesuiten und nach Aufhebung des Ordens (1773) wurde sie Staatsbesitz. 1790 kaufte sie der Geheime Hof- und Kammerjuwelier Franz Mack (1730–1807). Er war ein frommer Mann. Er soll sogar zum Papst nach Rom gereist sein, um die Erlaubnis zum Erwerb von ehemaligem Kirchengut zu bekommen.

Dort, wo heute das Verwaltungsgebäude der Jesuitenresidenz steht, gab es schon im 18. Jahrhundert einen Landsitz der Fürstin Karoline Trautson. *Mon Perou* hieß er – „Mein Peru“. Peru galt für die damaligen Anhänger Rousseaus („Der Mensch ist gut, aber durch Kultur verdorben“) als das Idealland unverdorbenen Lebens. Vom Abschlachten der Bewohner dieses Ideallandes durch den christlichen Eroberer Pizarro dürften die abendländischen Schwärmer wohl nie etwas erfahren haben. Von diesem Landsitz ist noch ein kleiner Rundturm am Ufer der Liesing erhalten – einst der Abort für die Bediensteten. Die Herrschaft hatte ihre tragbaren Zimmerklosetts im Inneren des Hauses. Unverdorbenes Leben!

Nachdem Franz Mack die Herrschaft übernommen hatte, ließ er 1793–1801 in Kalksburg eine Kirche bauen, ein klassizistisches Gesamtkunstwerk, die „schönste Dorfkirche in Teutschland“, wie sie noch 1842 der Topograph F. C. Weidmann bejubelte. Wie sehr doch alles dem Zeitgeschmack unterworfen ist ... wir Heutigen finden die Kirche eher ein bisserl zu kühl und zu streng. Mack wohnte damals in dem Schlössel neben der Kirche, und weil seine Frau zu dieser Zeit schon gehbehindert war, ließ er den mächtigen Bogenbau über die Straße hinweg zur Kirche errichten, um ihr das Ersteigen der 26 Stufen hohen Treppe zu ersparen. Später wurde er liebevoll „Kalksburger Triumphbogen“ genannt und jetzt ist er schon für alle, die durch ihn gehen oder fahren, zu einem Wahrzeichen des Ortes geworden.

Franz Mack war nicht nur ein frommer Mann, er war auch Freimaurer, sogar Meister der Loge „Zum hl. Joseph“.

Das „Monument“ hinter dem Jesuitenkollegium Kalksburg

In dieser Zeit waren die Freimaurer noch „hoffähig“. Auch Kaiser Franz I. Stephan von Lothringen, der Mann Maria Theresias, war Freimaurer und ihr Sohn Joseph II. sympathisierte mit ihnen. Die Nachfolger taten das bald nicht mehr. Die katholische Kirche war den Freimaurern schon von Anfang an skeptisch gegenübergestanden und auch den Habsburgern erschienen einige von deren Grundsätzen als suspekt: die Geistesfreiheit, die Toleranz und die Humanität zu pflegen und zum Wohle der Menschheit zu wirken. Franz Mack hatte viel zum Wohle der Kalksburger getan und nachdem er auch *Mon Perou* gekauft hatte, begann er den Garten rundum in einen freimaurerischen Naturpark umzuwandeln.

Am besten erhalten von alledem ist heute noch das Steinhaus. In einer Inschrift forderte Franz Mack die Besucher auf „Gott dem allmächtigen Baumeister dieser Welt den Zoll der Dankbarkeit zu entrichten“. Eine Burg sollte der Bau sein, eine Tempelritterburg, denn die edlen Templer waren für die Freimaurer das große Vorbild. Das Innere des Steinhauses stand aber in starkem Widerspruch zu dem klotzig-trotzigen Äußeren ... „Reizende Kabinette, kühle Grottenzimmer, Wände übersät mit Miniaturgemählden und tausendfältigem Zierath, gemahlte Fensterscheiben, die eine seltsame Beleuchtung auf die Gegenstände werfen, allerley Porträts und Büsten und manche originelle Gedanken beschäftigen hier die

Phantasie“ – so wird es in einem Bericht aus dem Jahre 1807 beschrieben.

Etwas weniger gut erhalten als das Steinhaus ist das so genannte „Monument“ hinter dem Schulgebäude vom Jesuitenkollegium. Es ist ein wuchtiger Rundbau, der ursprünglich von einem Teich umgeben war und irgendwie an das Theoderichgrab in Ravenna erinnert. Vier große Tore hat der Bau mit geheimnisvollen Steinköpfen darüber. Sein Inneres ist mit Fresken geschmückt ... Sterne in der Kuppel, Freimaurersymbole an den Seitenwänden. Nach dem Tod von Franz Mack haben seine Söhne darin ein Denkmal von ihm aufgestellt (jetzt steht es in der Beichtkapelle der Kalksburger Pfarrkirche). Dieser Freimaurer-Kultraum ist in seiner Art einzigartig, der ganze Bau ein beeindruckendes Denkmal.

Dominierend in dem Park der Jesuitenresidenz ist die bewaldete und von Felsen durchsetzte Kuppe. Einige Serpentinenwege führen auf sie hinauf und oben stand einmal ein Dianatempel, den dann die Jesuiten nach ihrer Wiederübernahme des Besitzes (1856) in eine dem Erzengel Michael geweihte Kapelle umwandelten. Für die Freimaurer wird dieser Berg sicherlich ein Ort für Zusammenkünfte „hoch über dem Profanen dieser Welt“ gewesen sein.

Alle Wege auf diesen Michaelsberg führen an kleineren oder größeren Felsen vorbei, die von Menschenhand bearbeitet worden sind ... in den Nischen und Halbhöhlen sind Steinsitze oder Podeste für Statuen und außerdem sind viele Inschriften in den vorher geglätteten Fels eingraviert. Wind und Regen haben sie alle etwas undeutlich gemacht, nur schwer sind sie zu lesen. Es sind vor allem Epigramme von Friedrich von Logau (1604–1655) ... Gedanken um die Vergänglichkeit.

Es heißt, dass sie von einem Bruder Macks geschaffen worden sind, der kränklich war und dem als Therapie leichte Arbeiten empfohlen worden sind. Leichte Arbeiten? Eine Schwerarbeit muss das Gravieren der Inschriften in den spröden Stein gewesen sein!

Ein romantischer Platz ist der Trauerfelsen an der Nordseite des Berges. Herzog Albert von Sachsen-Teschen (1738–1822) hatte 1766 eine der Töchter Maria Theresias, die Erzherzogin Christine, geheiratet. Er war Begründer der Albertina und Bauherr der Albertinischen Wasserleitung aus dem Wienerwald. Nach dem Tod seiner Frau (1798) ließ er ihr von dem Bildhauer Canova das berühmt gewordene Grabmal in der Augustinerkirche errichten – doch im Park von Kalksburg hatte er um sie getrauert ...

Er suchet Trost, verläßt die Stadt, und eilet
Zu dir, O Mack, nach deinem Kalksburg hin –
Sucht hier den Balsam, der die Wunden heilet –
Sucht ihn bey Dir – und findet ihn!

... heißt es in einer Gedenkschrift. Auch der Herzog war Freimaurer und Franz Mack hatte in seinem romantischen Park der Frau seines Freundes ein Denkmal aus dem Stein hauen lassen, ein Bild von ihr und einen Sarg mit der Inschrift: „In dieser düstern Gegend beklagte Herzog Albert von Sachsen-Teschen den Tod seiner

geliebten Gemahlin Maria Christina, geborenen Erzherzogin von Österreich und Tochter der großen unvergesslichen Maria Theresia. Sie lebten in ihrer Ehe 32 Jahre, waren Menschenfreunde und Helfer der Armen. Sie starb den 24. Juni 1798. Die Welt ist voll ihrer Tugend und Wohltätigkeit. Der Ritter Franz Edler von Mack hat ihr dieses Mausoleum aus Liebe und Dankbarkeit zum ewigen Andenken in diesen Felsen graben lassen. Den 15. Oktober 1799."

Für den trauernden Herzog hatte Mack bei dem Denkmal eine Bank aufstellen lassen. Beides gibt es längst nicht mehr. Es gibt nur noch die Inschrift *Monumentum Ihro Königlichen Hoheit Erzherzogin Elisabeth* an der linken Seite des Felsens, wo einst ein Denkmal für eine andere Tochter Maria Theresias war (das ebenfalls verschwunden ist). Geblieben ist der romantische Felswinkel.

Der Michaelsberg mit seinen Felsinschriften und dem Trauerfelsen ist Relikt einer Zeit, in der noch das Naturempfinden mehr bedeutete als Naturerlebnisse. Man wanderte noch nicht in die Natur – man lustwandelte darin. Heute gilt das „Ruhen am Busen der Natur" als abgedroschene Phrase, damals führte man weniger die Beine und mehr das Gemüt in die Natur, um sich dort an Stille, Einsamkeit und Schönheit zu ergötzen oder auch um Trost zu finden. Am Freimaurer-Dianatempel auf der Bergkuppe gab es einst eine Inschrift, die mit den Worten begann

Geist weist uns diese Wege
zur stillen Einsamkeit ...

Alte Welt am Troppberg: Römerstein, Peilerstein, Rabenstein

In Gablitz steht an der Raiffeisenbank ein römerzeitlicher Grabstein aus der ersten Hälfte des 2. Jahrhunderts n. Chr ... Darauf ist das Relief eines Ehepaares in keltischer Tracht zu sehen.

Secundus Avitus hat – nach der Inschrift – den Stein noch zu seinen Lebzeiten für sich und seine mit sechzig Jahren verstorbene liebevollste Ehefrau Litussa, Tochter des Esinertus, anfertigen lassen. Liebevoll legt die Frau ihre linke Hand auf die Schulter des Mannes, liebevoll reicht sich das Paar die rechte Hand.

Der 2,60 Meter hohe Grabstein ist der größte aus dem österreichischen Limesgebiet. Billig war der figural reich geschmückte Stein sicher nicht; das keltische Ehepaar muss recht wohlhabend gewesen sein. Das ist aber auch alles, was über die zwei Leute mit Sicherheit gesagt werden kann.

Angenommen wird, dass der Stein von Steinmetzen im Limeskastell Comagena (Tulln) geschaffen wurde. Seinen Namen hatte das Kastell von der dort stationierten, aus Komagene in der heutigen Türkei stammenden Reitertruppe. Mit den Soldaten aus Kleinasien waren damals auch einige der orientalischen Kulte in unser Gebiet gekommen; der Mithraskult war von diesen der bedeutendste. Es gab unter anderen aber auch noch einen Kybelekult, und einige Details auf dem Gablitzer Grabstein scheinen mit diesem in Beziehung zu stehen.

Kybele war eine Mutter- und Fruchtbarkeitsgöttin. Sie wurde oft mit einem Löwenpaar

(Symbol für Kraft und Macht) dargestellt und ein Löwenpaar ist auch auf dem Aufsatz des Gablitzer Grabsteins zu sehen.

Kybele wurde auch mit zwei Begleitern dargestellt, mit einem jungen und einem alten. Der alte Mann mit langem Haar und starkem Bart wird als Vatergott gesehen. Auf dem Gablitzer Stein ist oberhalb von dem Relief des Ehepaars ein stark behaarter Kopf, der als Gorgonenhaupt gedeutet wurde, das alles Böse abschrecken soll. Es ist aber kein weiblicher Kopf mit Schlangen, sondern ein Männerkopf mit Bart.

Ehepaar in keltischer Tracht am Römerstein an der Raiffeisenbank Gablitz

Schon in seinem 1923 erschienenen Werk *Die römischen Grabsteine von Noricum und Pannonien* hatte der Archäologe Arnold Schober in den Löwenpaaren wie in dem behaarten Kopf mehr als nur Zierelemente gesehen und sie mit dem Kybelekult in Verbindung gebracht. Ob das auch bei diesem Stein zutrifft und welche Beziehung das keltische Ehepaar zu dem orientalischen Kult gehabt haben könnte, bleibt eine offene Frage. Der Grabstein an der Bank von Gablitz ist nicht nur ein interessantes, sondern ein geheimnisvolles Kulturdenkmal.

Der Grabstein von Gablitz ist erst im Jahre 1975 beim Tiefpflügen auf den Feldern des einstigen Rabensteinerhofes am Troppberg zum Vorschein gekommen (vom Pflug stammen auch die Beschädigungen des Steins). Auch ein römerzeitlicher Mahlstein wurde dort gefunden.

Nahe von Rabenstein steht an der vom Riederberg ins Irenental führenden Forststraße das 1708 errichtete Weiße Kreuz. Es steht auf einem Hügel, der lange Zeit für ein Römer- oder Franzosengrab gehalten wurde. Erst 1936 konnte durch Grabungen festgestellt werden, dass der Hügel Teil einer Verschanzung aus der Zeit der großen Auseinandersetzung zwischen Ost und West vor dem Jahr 1000 war. Das war die Zeit, in der die Ungarn im Wienerwald Verschanzungen gegen Westen errichteten und dann die Deutschen ihre Wälle gegen Osten aufschütteten. Westwall ... Ostwall ... ein Grenzland war damals der Wienerwald.

Die Befestigung beim Weißen Kreuz war

eine Sperre an dem aus dem Tullnerfeld über den Riederberg ins Wiental führenden Altweg. Der Wall hatte einen Holzaufbau. Der – wie 1936 festgestellt wurde – einmal niedergebrannt und nachher verstärkt aufgebaut worden ist. Der einst höhere Erdwall ist heute von Sträuchern und Bäumen bewachsen, stellenweise aber noch immer in einer Höhe bis zu zwei Metern erkennbar (am besten links von der vom Riederberg kommenden Forststraße, dicht vor dem Weißen Kreuz).

Das Weiße Kreuz unterhalb vom Troppberg

Unweit von Rabenstein und Weißem Kreuz erhebt sich auf einem mit Sandsteinfelsen durchsetzten Höhenrücken der Peilerstein (auch Pallerstein). Der blau markierte Weg von Gablitz/Hauersteig auf den Troppberg führt unter ihm vorbei. Die Sandsteinfelsen sollen schon im Mittelalter genutzt worden sein; heute wirkt diese Steinbruchlandschaft mit den bewachsenen Geröllhaufen und den tiefen Gräben so bizarr, dass man dort fast nicht mehr glaubt im lieblichen Wienerwald zu sein.

Rätselvolles gibt es auf dem Gipfelfelsen über einer Steilwand: zwei tief eingeritzte konzentrische Kreise (Durchmesser etwa 30 Zentimeter), schon stark verwittert, sicher schon recht alt. Wie alt?

Nahe liegend wäre es, in diesem Zeichen ein Werk alter Steinmetzen zu sehen. Am Peilerstein muss jedoch mehr bedacht werden. Peilstein, Peilerstein ... solche Bergnamen finden sich in alten Siedlungsgebieten und mit ihnen wurden zumeist so genannte „Kalenderberge" benannt – Berge, die als Richtpunkte für die Beobachtung von Himmelskörpern dienten. Das war einst wichtig bei der Bestimmung der richtigen Zeit für die Aussaat und es waren auf oder bei solchen Bergen auch Fruchtbarkeits-Kultplätze.

Konzentrische Kreise mit zwei, drei oder noch mehr Kreisen und einem kleinen Näpfchen in der Mitte (auch das Ritzbild vom Peilerstein hat ein solches) finden sich schon unter Europas jungsteinzeitlichen Felsbildern. Sie gelten als Symbole für einen Sonnenkult, haben

Geheimnisvolles Ritzbild auf dem Peilerstein

Erinnerung an Kaiserin Elisabeth am Rabenstein

aber wahrscheinlich auch noch anderes bedeutet. Vom Gipfelfelsen mit dem Ritzbild ist in späterer Zeit der rechte Teil abgebrochen worden. War darauf noch eine andere Ritzung? Stark verwitterte Zeichen und Buchstaben sind auch auf dem daneben liegenden Fels. Dieser und alle anderen aus dem Boden ragenden Steine sind bei geomantischer Mutung neutral, der Stein mit den Kreisen hingegen ist stark negativ. Daraus wurde auch schon geschlossen, dass er für blutige Tieropfer gedient haben könnte.

Sicheres lässt sich über das Ritzbild nicht sagen. Sicher ist nur, dass in seiner näheren Umgebung beim Rabensteinerhof der Grabstein des keltischen Ehepaares gefunden worden ist.

Das ist ein wunderschöner Platz: Fruchtbare Felder an flachen Hängen inmitten von Wald. Ein Bauernland, von dem man gerne glauben möchte, dass da schon das keltische Ehepaar einen Hof bewirtschaftet hat. Aber passt der außergewöhnlich große Grabstein zu Bauern?

Der rot markierte Weg vom Riederberg auf den Troppberg führt am Rabenstein vorbei. Dort gab es schon im 19. Jahrhundert eine Jausenstation; jetzt ist diese aufgelassen und das zerfallende Haus wird von Gesträuch überwuchert. Gleich beim Eingang steht eine Steinplatte, an der die Erinnerung an ein ganz großes Ereignis eingeritzt worden ist: Ihre Majestät Kaiserin Elisabeth hat dort „im Mai 1891 eine Milch getrunken".

Überall war die Sissi und überall wurden nachher sofort von alleruntertänigsten Untertanen Gedenktafeln zur Erinnerung an dieses weltbewegende Geschehen angebracht. Die vom Rabenstein dürfte die originellste sein.

Klausennostalgie um Klausen-Leopoldsdorf

Eigentlich ist es paradox, dass ausgerechnet Kaiser Leopold I. zum Gründer der ersten Holzarbeitersiedlung des Wienerwaldes geworden ist, denn er als leidenschaftlicher Jäger hätte am liebsten allen gewöhnlichen Sterblichen das Betreten von „Ihrer kayserlichen Majestät Gehültz" (wie damals der Wienerwald auch genannt wurde) verboten, damit die Viecher darin ungestört blieben. Doch zu dieser Zeit gab es bereits Holzmangel im Land um die Kaiserresidenz. Holz war damals der einzige Energieträger ... Holz zum Heizen und Kochen, Holz fürs Handwerk und auch für die wachsende Industrie. Und außerdem litt der Staat an Geldmangel.

Holz brachte Geld. Aber die Holzbringung brauchte Menschen. Als dem Kaiser der Plan vorgebracht wurde, Holz aus dem Herzstück des Wienerwaldes mittels einer Triftanlage (Trift =Transport von losem Holz in Wasserläufen) auf der Schwechat ins flache Land zu bringen, musste er auch zustimmen, dass für die Holzarbeiter Unterkünfte geschaffen wurden. So entstand 1660 die Siedlung Klausen-Leopoldsdorf.

Über Kaiser Leopolds Dorf brach gleich nach seiner Gründung geballtes Unheil herein: 1679 ließ die Pest den Ort fast aussterben, 1683 metzelten die Türken alle Bewohner nieder.

Die meisten der ersten Bewohner des Dorfes waren Leute aus Westösterreich; keine gewöhnlichen Holzknechte, sondern Facharbeiter, die auch das Holzschwemmen beherrschten.

In den Tälern der Hochalpen wurde das Holzschwemmen schon lange praktiziert. Dort gab es genug Wasser dafür; die kleinen Wienerwaldbächlein konnten das nicht bringen. So wurden selbst an den bescheidensten Wässerlein kleinere Klausen errichtet, um Wasser und Holz zum Füllen der großen Klause unterhalb von Klausen-Leopoldsdorf zu sammeln. Insgesamt 13 solcher Vorklausen wurden erbaut.

Die jetzt wieder restaurierte große Klause war also nur Teil einer raffiniert konzipierten Anlage, die weit in die damaligen Urwälder hineinreichte und als eine der größten und besten von ganz Mitteleuropa gilt. Einige von diesen Vorklausen sind noch verhältnismäßig gut erhalten ... Dämme, Mauern, Klaustore sind noch zu erkennen, auch wenn sie jetzt von viel Grün überwuchert sind.

Ursprünglich waren alle Bauten Erd- und Holzwerke, erst im Verlauf der Zeit wurden Teile von ihnen in Steinwerke umgewandelt. Kurios: Für das Klaustor der Hainbachklause wurden Steine von der 1857 geschleiften Wiener Stadtmauer verwendet.

Die große Klause ist schon 1756 in eine Massivklause aus Stein umgebaut worden – und massiv schaut sie mit ihren Quadern auch heute noch aus. Die Römer könnten sie für die Ewigkeit gebaut haben. Und so wie sich römische Cäsaren an ihren Werken verewigt haben, so geschah es auch in Klausen-Leopoldsdorf, wo eine

Die große Klause bei Klausen-Leopoldsdorf

Prunktafel meldet, dass unter der Regierung von Kaiser Franz I. und Kaiserin Maria Theresia unter dem Befehl des Kämmerers Reichsgraf Rudolph Chotek diese „Haubt Clausen zu gemeinen Nuzen und Verewigung des Schwemm Werks aus Holtz in Stein verwandelt und neuerbauet worden".

Im Winter wurde das Holz geschlägert, auf 1 Meter lange Scheiter geschnitten und mit Schlitten zu den Vorklausen gebracht. Die Holztrift geschah dann zur Zeit der Schneeschmelze. Dabei erfolgte das Öffnen der Vorschleusen nach einem genau festgelegten Zeitplan, damit das Wasser mit dem Holz in ständigem Fluss in die Hauptklause kam. Weil aber die armen Holzknechte keine Uhren hatten (die ersten Taschenuhren waren zu dieser Zeit noch sündteuer), mussten die Signale zum Öffnen von jeder der Klausen durch Rufen, Winken oder Hornsignale gegeben werden. Ein Großaufgebot von an markanten Punkten aufgestellten Menschen war für dieses „Urwaldtelefon" notwendig. Wenn dann die Hauptklause voll war, wurde auch sie geöffnet und die Holzmassen wurden bis zu dem 20 Kilometer weit entfernten Rechen und Auffangbecken bei Baden getrieben.

Etwa dreihundert Holz- und Schwemmknechte waren für eine solche Trift notwendig. Und eine harte Arbeit war das. In einem Bericht aus der Mitte des 19. Jhds. heißt es, dass die Schwemmknechte (sie hatten nur hüfthohe Stiefel) oft bis zur Brust im eiskalten Schneewasser arbeiteten. Sogar der abgehärtetste Mann hielt das nie länger als eine halbe Stunde aus und musste dann im Trab nach Hause, um das klatschnasse kalte Gewand wieder vom Leib zu bringen.

Am Tag vor der Trift wurden von „Schwemmboten" alle an der Schwechat Wohnenden davon verständigt. Denn es war gefährlich zu nahe am Flussbett zu sein, wenn die Wasserflut mit den Holzmassen daherbrauste. Für die Badener Kurgäste war das immer ein erregendes Schauspiel.

Die aus abgetragenen Steinen der Wiener Stadtmauer erbaute Hainbachklause

Die große Klause bei Klausen-Leopoldsdorf ist das mächtigste und am besten erhaltene Bauwerk der Schwechattrift. Aber sie ist nur ein Teil der Anlage, zu der noch die 13 Vorklausen und das für den Schwemmbetrieb zurechtgemachte Flussbett der Schwechat und die Auffangrechen (früher bei Möllersdorf, später im Helenental) gehörten. Erst im Ganzen gesehen zeigt sich, wie weit ausgedehnt die ganze Anlage war, welche als Industriedenkmal viel zu wenig gewürdigt wird. Von 1667 bis in das Jahr 1939 war sie in Betrieb. Heute ist es still um die große Klause – obwohl die Straße nach Klausen-Leopoldsdorf wie auch die Autobahn dicht daran vorbeiführen. Und noch stiller ist es um die Vorklausen in den Waldgräben. Diese sind verwachsen, verwildert, Moos wächst auf den aus großen Felsblöcken gebildeten Mauern – aber die hohen Dämme lassen noch immer erkennen, welche Wassermassen einst in den jetzt von Bäumen bewachsenen Klausbecken gestaut worden sind.

DIE 13 KLAUSEN DER SCHWECHATTRIFT

Diese Aufstellung basiert auf der Diplomarbeit von Gabriel Bodi, *Die Schwechattrift*, Wien 1993. Auf der Freytag-Berndt-Touristenkarte, Sonderausgabe, 1:50.000, 1961, sind noch alle Klausen eingezeichnet. Auf den neueren Kartenwerken sind nur einige namentlich vermerkt, doch die Bäche, an denen alle anderen Klausen liegen, sind jedenfalls eingezeichnet und so können auch diese aufgespürt werden.

GROSSKROTTENBACHKLAUSE	3 km oberhalb von der Einmündung des Baches bei Klausen-Leopoldsdorf in die Schwechat. Fahrweg bis zu der sehenswerten Klause.
HOLLERBACHKLAUSE	(abgetragen)
RIESENBACHKLAUSE	Ca. 3 1/2 km oberhalb vom Wirtshaus Schöpflgitter, rechts von der Straße nach St. Corona. Hoher Damm. Sehenswert.
SCHÖPFLKLAUSE	Von der Straße Schöpflgitter– St. Corona zweigt zum Schöpflobservatorium eine Straße ab. An dieser ist (1 km nach der Abzweigung) die sehenswerte Klause.
GRÖDLBACHKLAUSE	Ca. 3 km vom Schöpflgitter an der nach Laaben führenden Straße.
GAISRÜCKENBACHKLAUSE	Von der Straße Schöpflgitter–Laaben rechts abzweigen zur Häusergruppe Gaisrücken (ca 1,3 km), wo die noch sehenswerte Anlage ist.
KLEINGROTTENBACHKLAUSE	Von der Straße Klausen-Leopoldsdorf–Hengstsattel zweigt links ein Fahrweg zur ca. 1,7 km entfernten Klause ab.
LENGBACHKLAUSE	Von der Straße Klausen-Leopoldsdorf–Hengstsattel, zweigt links eine Straße nach Hochstraß ab. Auf ihr 3 km zur noch sehenswerten Klause
RANZENBACHKLAUSE	Von der Straße Klausen-Leopoldsdorf–Hengstsattel zweigt links ein Fahrweg zur ca. 1,3 km entfernten Klause ab
AGSBACHKLAUSE	Sie ist links neben der Straße (ca. 5 km ab Straßenbeginn bei einer kleinen Häusergruppe)
HAINBACHKLAUSE	An der Straße Klausen-Leopoldsdorf–Schusternazl, nach ca. 3 km rechts neben der Straße. Mit riesigen Quadern von der abgetragenen Wiener Stadtmauer!
WEIDENBACHKLAUSE	Ca. 2,5 km am Weidenbach (Fahrweg) oberhalb der Schwechat.
HANEFBACHKLAUSE	Ca. 2 km am Hanefbach (Fahrweg) oberhalb der Schwechat. Sehenswert.

Ohne diese Vorklausen wäre das große Becken der Hauptklause nie voll geworden.
In den Wienerwaldführern scheinen diese Vorklausen nicht auf und es gibt auch an Ort und Stelle keine Hinweisschilder. Unsere Aufstellung auf Seite 73 soll das Aufspüren erleichtern. Das sind Wienerwaldwanderungen besonderer Art, Wanderungen in romantische Waldwinkel und in eine vergessene Vergangenheit.
So wie alles Verlassene versetzen auch diese unnütz gewordenen technischen Bauten in nostalgische Stimmung. Holz ist durch andere Energien ersetzt worden. Aber ganz bestimmt werden auch die grauslichen gefährlichen Atommeiler unserer Zeit einmal in Zukunft stillgelegt werden ... diese werden aber kaum einen Menschen in eine nostalgische Stimmung versetzen.

Die Allander „Türkenhasel"

An Alland führt die Autobahn vorbei und unter ihrer Böschung steht ein hoher Baum, der Außergewöhnliches bewirkt hat – eine Änderung der geplanten Autobahn-Trassenführung!
Niemand hat je die Bäume gezählt, die dem Verkehr zuliebe schon geopfert wurden ... schöne Bäume, hohe Bäume, alte Bäume. Es muss schon ein Wunderbaum sein, der die Planer zum Umplanen gebracht hat. Das ist die „Türkenhasel" tatsächlich.
Und das ist die Sage über die Entstehung des Baumes: Die Türken waren nach Alland gekommen, hatten den Ort geplündert und in Brand gesteckt. Nachher hielt eine kleine Gruppe von ihnen am Waldrand Rast. Da kamen die im Wald versteckten Allander hervor und erschlugen sie. Die Türken hatten gerade Haselnüsse gegessen; diese fielen zu Boden, wurden in die Erde getreten – und so kam es zum Wuchs der in unseren Zonen seltenen Türkenhasel.
Sie ist ein gerade gewachsener Baum von etwa 20 Metern Höhe mit einer prächtigen kugelförmigen Krone und einem Stammumfang von 3 Metern. Die Schätzungen seines Alters gehen von 300 bis 500 Jahre auseinander. Ob in der Sage vom Haselnusskern ein wahrer Kern steckt? Wahr ist jedenfalls, dass die Türken 1529 wie auch 1683 im Raum Alland gewütet haben.
Schon lange ist die Türkenhasel ein lebendiges Wahrzeichen Allands; seit 1929 steht sie unter Naturschutz. Und seitdem ihretwegen die Autobahn etwas umgebogen worden ist, wird sie von einigen Allandern noch mehr geschätzt, weil sie deren Häuser vor dem Abbruch bewahrt hat.
Dicht unter der Autobahn steht jetzt die Türkenhasel. In dem 1989 erschienenen Buch *Allerhand über Alland* schreiben die Autoren, dass der Baum durch diese Nähe zur Straße leider leide ... „Abgesehen von den Autoabgasen dürfte der Grundwasserstrom beim Autobahnbau unterbrochen worden sein. Der Baum bekam in den letzten Jahren besonders viele dürre Äste." – Jetzt grünt die Krone wieder an allen Ecken und Enden, der Baum scheint sich angepasst zu haben. Er ist ein starker Baum.
Etwas unterhalb von ihm steht das aufgelassene Forsthaus, das früher ein um 1700 errichtetes Gerichtsgebäude war. Heute wird

das Haus von dem Ehepaar Seymann bewohnt; der Mann ist Filmemacher und Filmproduzent, seine Frau Nancy Lee (geboren in Japan, studierte in Amerika) ist Malerin. Als die beiden das Haus zum ersten Mal sahen, waren sie entsetzt – so nahe an der Autobahn. Dann haben sie den Baum gesehen – und sind in das Haus eingezogen. Das haben sie bis heute nicht bereut. Denn von dem Baum geht eine starke Ausstrahlung aus und unter seiner Krone ist ein so starkes Wohlgefühl spürbar, dass man diesen guten Platz nur ungern verlässt. Schon vor zwei Jahrtausenden hatte der Römer Plinius der Ältere in seiner *Naturgeschichte* geschrieben, dass Bäume so wie alles Lebende eine Seele haben. Unter der Türkenhasel wird diese Seele spürbar. Frau Nancy: „Es ist unser Hausbaum!“

Die mächtige Allander „Türkenhasel“ lässt Menschen unter ihr recht klein erscheinen.

Haselnussbäume gelten im Volksglauben als Bäume, in die der Blitz nicht einschlägt und um die giftige Tiere (wie Schlangen) einen großen Bogen machen. Haselnussgerten wurden im alten Brauchtum verwendet beim „Fruchtbarkeitsschlagen“ an jungen Frauen. Und die Wünschelrutengänger von anno dazumal haben noch keine Metall- oder Plastikruten verwendet, sondern schmiegsame Haselnusszweige.

Vor dem Autobahnbau führte an der Türkenhasel ein Wildwechsel vorbei zum nahen Wald. Jetzt gibt’s dort die Autobahn mit ihrem Getöse. Das hat natürlich das scheue Wild vertrieben ...

„Oh nein!“, sagte Frau Nancy lächelnd. „Die Tiere kommen noch immer zu dem Baum!“

Vom Arnstein und der „Wilden Jagd"

Am Peilstein (718 m) ist die größte Felsmauer des Wienerwaldes; 800 Meter ist sie lang, stellenweise bis zu 100 Meter hoch.

Peil- oder Beilsteine waren keine gewöhnlichen Berge, es waren Wachtberge, Signalberge oder auch Berge, welche durch ihre markante Form als Richtberge (Kalenderberge) zum Beobachten (Anpeilen) von Himmelskörpern dienten. Das Bestimmen der richtigen Zeit der Aussaat war in einem Bauernland entscheidend für die Fruchtbarkeit der Felder. Felstürme an solchen Bergen (wie die Arnsteinnadel an unserem Peilstein) werden wegen ihrer phallusähnlichen Form höchstwahrscheinlich auch mit einem Fruchtbarkeitskult in Beziehung gestanden sein.

Die alte Kirche von Schwarzensee mit dem Schneeberg im Hintergrund. Linke Seite: Die Pankraziburg ist eine romantische Kirchenruine.

Die weithin sichtbare Arnsteinnadel oberhalb von Maria Raisenmarkt und am nördlichen Felsmassiv des Peilsteins ist die groteskeste Felsgestalt an diesem Berg. Neben ihr stand die im 12. Jahrhundert erbaute Burg Arnstein, die 1529 von den Türken zerstört und heute nur noch eine Ruine ist. Leider haben die Ritter ihre Burg auf diesem Felsen erbaut!

Leider deswegen, weil unter dem Felsen die Arnsteinhöhle ist, aus der ganz bestimmt interessante Funde zu bergen gewesen wären – wenn sie nicht die Rittersleut' als Pferdestall benützt hätten und dabei auch den Höhlenboden „ausmisteten". Bei der ersten Untersuchung der Höhle im Jahre 1889 konnten noch einige Knochen vom Höhlenbär und der Höhlenhyäne geborgen werden; Spuren menschlicher Anwesenheit wurden damals keine gefunden. Erst 1950 fand der Prähistoriker Franz Hampl noch vier kümmerliche jungsteinzeitliche Scherben.

Die Arnsteinhöhle ist eigentlich ein Riesensaal mit einem Riesenportal (etwa 30 Meter breit und 6 Meter hoch) und einem Felspfeiler in der Mitte ... In allen Schilderungen wird sie als malerisch gepriesen und der große Naturforscher Friedrich Simony ist 1890 (als 77-Jähriger!) der Erste gewesen, der sie fotografiert hat. Das war damals mit den schweren Kameras (18 x 24 cm Glasplatten) und den plumpen

Holzstativen noch eine „fotografische Expedition". Als auf dem Peilstein noch kein Schutzhaus stand sowie in Krisenzeiten des 20. Jahrhunderts war die Arnsteinhöhle ein viel aufgesuchter Biwakplatz für die Peilsteinkletterer.

Da erwiesen ist, dass dieses Gebiet schon ein Siedlungsraum in der Urzeit war, darf auch angenommen werden, dass die Arnsteinhöhle in Verbindung mit der über ihr stehenden Arnsteinnadel damals für kultische Handlungen benützt worden ist. Konkretes gibt es darüber freilich nicht, es gibt nur Sagen. Über den Peilstein soll oft vom Arnstein aus die Wilde Jagd dahingezogen sein ...

Die berühmte Arnsteinnadel auf einer Ansichtskarte aus dem Jahre 1912. Die Spitze, auf der die zwei Kletterer sitzen, ist 1914 vom Blitz abgeschlagen worden.

Carl G. Kryspin, Volontär im gräflich Wimpffschen Forstamt, hatte im Oktober/November 1889 die Ruine Arnstein und die Arnsteinhöhle untersucht und 1891 eine kleine Broschüre darüber herausgebracht. Er erzählt darin auch eine recht kuriose Geschichte:

„Es war in Neuhaus, früh am Morgen des 14. Octobers 1889, als ich die Nachricht erhielt, dass in der Nacht zwischen 12 und 1 Uhr die Wilde Jagd gehört worden sei. Einige Burschen, die nachts Fensterln waren, hatten sie gehört und hatten sich, wahrscheinlich nicht gerade zur Freude ihrer „Dirndln", spornstreichs davongemacht, um nicht in die Luft mitgenommen zu werden. Das Unheimlichste an diesem Geschehniß war aber, dass erst 13 Jahre seit dem letzten Auftreten der Wilden Jagd in Neuhaus verflossen waren, während sonst nach der Überlieferung der Bewohner immer 30 Jahre verstrichen, bis sich der mitternächtige Spuk wieder hören ließ. Mit weithin hallendem Hundsgebell und Peitschengeknall, mit Roßgewieher und dem markerschütternden Schrei übermenschlicher Stimmen braust der gespenstige Zug vom Arnstein über den Gipfel ins Thal und verliert sich in den Wäldern des Taßberges. Wehe dem

Frechling, der sich vor der 6 Schuh über der Erde ziehenden Jagd nicht zu Boden wirft; vor Jahren versuchte ein Bursche der Gefahr zu trotzen, am anderen Morgen wurde er am Peilstein in elendem, zerfetzten Zustand aufgefunden, der wilde Jäger hatte ihn mitgerissen und auf seinem Rückwege dort aus der Höhe herabgeschleudert. Das verfrühte Wiedererscheinen des Wilden Jägers wurde vom Volke, sobald meine Grabungen auf seinem Sitze Arnstein ruchbar wurden, diesen zugeschrieben."

Geschichten über die Wilde Jagd werden in Österreich vor allem dort erzählt, wo im frühen Mittelalter die Bajuwaren in das Land gekommen sind. Bei dieser Kolonisierung und Christianisierung sind aber keineswegs nur lupenreine Christen gekommen, diese Leute haben auch noch viel von ihrem alten Volksglauben mitgebracht. Geschichten um die Wilde Jagd werden fast nur um Plätze erzählt, wo sich schon lange vor dieser Landnahme Kultstätten befunden haben. Interessant ist daher auch, dass die Wilde Jagd vom Peilstein am Arnstein beginnt.

Vom Arnstein wird auch die Sage vom „Hundekopfkind" erzählt, von der es zwei Fassungen gibt. Nach der einen hatte die Burgfrau von Arnstein auf einen Bettler ihre Hunde hetzen lassen, worauf sie dieser verfluchte. Nach einiger Zeit brachte dann die Burgfrau ein Kind zur Welt, das einen Hundekopf hatte.

Die zweite Fassung von der Sage um das „Hundekopfkind" ist recht grausam (und wird daher viel lieber und öfter erzählt). Während der Ritter von Arnstein auf einem Kreuzzug im Heiligen Land war, brachte seine Frau ein Kind mit einem Hundekopf zur Welt. Der Heimkehrer ließ die untreue Frau in ein Fass stecken, das innen mit spitzen Nägeln gespickt war, und dieses dann den steilen Hang von der Burg hinab ins Tal rollen. Dort, wo das Fass mit der Frau stehen geblieben war, ließ der Ritter zur Sühne die Kirche von Raisenmarkt erbauen.

Ein Grabstein aus dem 13. Jahrhundert in der Allander Pfarrkirche zeigt ein großes Lilienkreuz, unter dem ein undefinierbares Tier auf dem Rücken liegt. Das Tier wird als Hund gedeutet und der Grabstein soll der des „Hundekopfkindes" sein.

In der Kirche von Raisenmarkt wurden 1983 bei einer Restaurierung auch romanische Bauteile entdeckt. Zur Wallfahrtskirche ist sie erst in jüngster Zeit durch eine Blitzaktion geworden. 1977 wurde darin eine Statue der Lieben Frau von Lourdes aufgestellt, 1987 ist die Kirche durch Initiative von Kardinal Groer zur Wallfahrtskirche geworden und schon 1989 erfolgte – ruck-zuck – die Umbenennung von Raisenmarkt in Maria Raisenmarkt.

Von Wehrbauern und „Eisenopfern" in Schwarzensee

Eine Wallfahrtskirche mit alter Tradition ist die auf einem Hügel stehende Kirche von Schwarzensee. Sie ist – so klein sie auch ist – etwas ganz Besonderes: eine von Bauern erbaute Bauernkirche, bei der einst weder das Stift Heiligenkreuz noch die Herren der Burgen

Arnstein oder Neuhaus das Sagen gehabt haben. Ursprünglich war sie wahrscheinlich eine Holzkirche; die ältesten Teile des heutigen Steinbaues werden in das 12. Jahrhundert datiert.

Es waren aber keine gewöhnlichen Bauern, welche einst in Schwarzensee hausten. 1985 hat der Archivar vom Stift Heiligenkreuz, Pater Hermann Watzl, eine historische Studie über die Besiedelung des Wienerwaldes zwischen Schwechat und Triesting veröffentlicht, worin er mit guten Gründen vermutete, dass in diesem Gebiet bereits im 9. Jahrhundert „freieigene“ Wehrbauernhöfe errichtet worden sind.

Diese sollen „nach den Kriegen Karls des Großen gegen die Awaren zum Schutz der Königlichen Pfalz in Baden – genannt als solche 869 – wie zur Wald- und Straßenhut dieses Distriktes auf Rodungsboden errichtet worden sein. Ihre Inhaber, waffenfähige berittene Krieger, unterstanden nachweisbar der Befehlsgewalt der späteren Landesfürsten, ursprünglich wohl jener des fränkischen Königs. In Schwarzensee besaßen sie eigene Gerichtsschranne und Hochgericht.“ – Wie diese Wehrbauernhöfe die folgende Zeit der Ungarneinfälle überstanden haben, bleibt freilich eine offene Frage.

Das Gerichtskreuz auf dem Galgenriegel oberhalb von Schwarzensee

Am „Galgenriegel“ bei Schwarzensee (an der Straße nach Großau) war das Hochgericht und dort steht noch immer in einer Wiese das Gerichtskreuz (ein spätgotischer Tabernakelbildstock), bei dem die zum Tode Verurteilten dem Henker übergeben wurden. Noch im Grundbuch vom Jahr 1631 ist festgehalten, dass die Inhaber des Seehofes in Schwarzensee die Galgenleiter beizustellen haben ... Sankt Bürokratius hat sich schon immer um alles und jedes gekümmert!

Ab dem 12. Jahrhundert kam es unter den Babenbergern zu Änderungen der Besitzverhältnisse, viele Schwarzenseer wanderten ab, nannten sich aber weiterhin selbstbewusst nach dem Ort ihrer Herkunft. Ein Wolfhard

Eiserne Opfertiere aus der Kirche von Schwarzensee

von Schwarzensee war Ende des 14. Jahrhunderts Stadtrichter und Bürgermeister von Wiener Neustadt. In seiner Amtszeit wurde die so genannte „Spinnerin am Kreuz" von Wiener Neustadt errichtet.

Die Bauernkirche von Schwarzensee hat auch zwei Bauernpatrone – den Viehpatron St. Aegydius und den Rossheiligen Stephanus. Am Aegydiustag (1. September) kamen bis in das 20. Jahrhundert auch aus der weiteren Umgebung die Bauern und brachten ein „Eisenopfer" dar. Das waren sehr urtümlich geformte Eisenfiguren von Tieren, die sie um eine Geldspende vom Mesner entlehnten, damit einmal um den Altar gingen und dann darauf hinterlegten.

Dieser Brauch war einmal weit verbreitet in den Alpenländern, in Ostösterreich hingegen nur ganz selten. Schwarzensee ist der einzige Ort, wo er sich noch bis in das 20. Jahrhundert hinein erhalten hat. Interessant ist, dass diese eisernen Opfertiere aus Schwarzensee genauso ausschauen wie solche Votive aus prähistorischer Zeit und auch wie die Tierdarstellungen auf den Felsbildern aus dem 1. Jahrtausend v. Chr. In diesem alten Siedlungsland um den Peilstein haben sich auch alte Vorstellungen lange erhalten.

Heute ist Schwarzensee nur noch bekannt als jener Ort, von dem aus der kürzeste Anstieg auf den Peilstein beginnt und wo die Wanderer und Kletterer ihre Fahrzeuge parken.

Neuhaus: Spiegelfabrik und Nobelkurort

Unübersehbar ist Schloss Neuhaus am Weg von Weißenbach auf den Peilstein. Das „neue Haus" war eine im 13. Jahrhundert entstandene Burg, welche Anfang des 17. Jahrhunderts in ein Schloss umgebaut und 1683 von den Türken schwer beschädigt wurde. Und nachher wurde aus dem Schloss eine Fabrik ...

Die kaiserliche Spiegelfabrik zu Neuhaus bestand von 1701–1844. Glasspiegel gab es erst seit dem 16. Jahrhundert. Berühmt wurden im 17. Jahrhundert die venezianischen Spiegel, aber diese waren kleineren Formats. In Neuhaus wurden Spiegel bis zu 3 1/2 Meter Höhe erzeugt und nicht nur in alle Länder Europas, sondern auch bis in die Türkei und nach Ägypten verschickt.

Bis an die hundert Arbeiter waren in der Fabrik beschäftigt ... Schleifer und Facettenschleifer, Polierer, Folienschlager, Beleger, Pottaschsieder und Schleifsandstampfer ... recht ausgefallene Berufe! Überhaupt umgab diese Spiegelfabrik ein fast magischer Zauber und keiner der ersten Fußwanderer in Wiens Umgebungen versäumte es damals sie als besondere Sehenswürdigkeit aufzusuchen. In seinem 1802 erschienenen Buch *Ausflüge nach dem Schneeberg in Unterösterreich* berichtet der Professor am Wiener Theresianum J. A. Schultes auch von der anderen Seite des damals viel gepriesenen Merkantilismus. Er erzählt von Arbeitern, die um einen Hungerlohn „mörderische Arbeit verrichten müssen“, die vor den Glasöfen an einem Feuer stehen, „das in der Cyklopenhöhle des Ätna nicht wütender geprasselt haben kann“, oder vom Lärm in den Schleifstuben halb taub geworden sind und „alle mehr oder weniger die Anwärterschaft auf Lungensucht an der Stirne tragen“.

Die in dieser Fabrik erzeugten großen Spiegel wurden als Wunderwerke gepriesen. Aber dann, im 19. Jahrhundert, war die Zeit der großen Spiegelzimmer vorbei, die Welt war realistischer geworden. Eine wenig flexible Werksleitung hatte die Umstellung auf kleinere Formate versäumt und das war auch das Ende der Fabrik. Stille in Neuhaus, aber nicht für lange ...

Ende des 19. Jahrhunderts begann Simon Reichsgraf von Wimpffen den kleinen Ort mit großen Hotelbauten in einen Nobelkur- und Urlaubsort zu verwandeln.

Und wenn die Leut auch schimpfen,
ich bleib der Graf Wimpffen

– das war der Leitspruch des Grafen. Schimpfen tut heute niemand mehr, aber G'schichterln werden von ihm noch immer erzählt und davon gibt es so viele, als hätte der Graf sein ganzes Leben nur mit Narreteien verbracht ...

So hatte er gleich im ersten Jahr seiner Ehe seiner Frau versprochen, sie vom Bahnhof Weißenbach abzuholen. Er erwartete sie dann mit einem von Ochsen gezogenen und mit dampfendem Stallmist beladenen Wagen.

Im Ersten Weltkrieg waren die Neuhauser Hotels Erholungsheime für Offiziere. Am Bahnhof Weißenbach erwartete einmal ein schäbiger Fiaker neue Gäste, trug ihr Gepäck ins Zimmer, dankte untertänigst für das bescheidene Trinkgeld. Abends: Großer Empfang für die neuen Gäste und große Überraschung für sie ... ihr Kutscher war der Graf persönlich.

Graf Wimpffens Nobelkurort entstand noch in der so genannten „guten alten Zeit“ und

„Fabriksschloss Neuhaus". Die Kirche war ursprünglich die Schlosskapelle, jetzt ist sie die Pfarrkirche von Neuhaus/Triesting.

kaum waren alle Umbauten und Neubauten vollendet, war diese vorbei ... Erster Weltkrieg und nachher die Krisenzeiten und dann der Zweite Weltkrieg und wiederum Nachkriegszeit. Nur wenig blieb erhalten, verschwunden sind auch die Riesenhallen für Großveranstaltungen und für Rollschuhläufer.

Graf Wimpffen hatte einen Hang fürs Riesige ... bei ihm gab es für die Gäste auch die größten Knackwürste der Monarchie! Es hieß, dass seinerzeit die Wanderer große Umwege gemacht haben, um diese zu verkosten. Noch um die Mitte des 20. Jahrhunderts haben die alten Leute davon geschwärmt.

Riesenspiegel, Riesenhallen, Riesenknackwürste – kaum zu glauben, dass es das alles in Neuhaus einmal gegeben hat.

Die einstige Schlosskirche ist jetzt die Pfarrkirche von Neuhaus, gleich unterhalb von ihr ist der Friedhof. Außer den Neuhausern steigen heute nur wenige Leute auf den Schlossberg. Große Stille im Hof des Schlosses, hinter dessen Mauern einst wütendes Feuer prasselte und der Lärm in den Schleifstuben die Arbeiter halb taub werden ließ. Als romantisches Märchenschloss zeigt sich jetzt wieder dieser Bau, der zugleich ein faszinierendes Denkmal aus Österreichs Industriegeschichte ist. In großen Lettern meldet eine Inschrift daran, dass Kaiser Karl VI. ihn wieder instand setzen ließ „zur Zierde des Landes und zum Nutzen einer Spiegelfabrik".

Festenberg, Pankraziburg und Geheimnisvolles rund um Nöstach

„Niederösterreichische Barockstraße" steht auf der Straßenkarte bei dem Übergang vom Schwechattal ins Triestingtal. Darüber führt auch der von Wien ausgehende alte Wallfahrerweg nach Mariazell, die *Via sacra* (Heilige Straße). In Beschreibungen dieses Weges wird die Gegend um Nöstach und Hafnerberg stets als lieblich und idyllisch beschrieben.

Jedenfalls: Als einen guten Lebensraum müssen ihn schon die Menschen prähistorischer Zeit empfunden haben ...

Auf dem Festenberg (593 m) war einmal eine prähistorische Höhensiedlung. Das bezeugt die da oben gefundene spätjungsteinzeitliche Keramik. Im 12. Jahrhundert wurde eine Burg errichtet, von der noch bescheidene Mauerreste zu sehen sind. Es war aber kein Feind, der sie zerstört hat; sie ist verlassen, aufgegeben worden und die Bauern der Umgebung haben sich dann die Steine zum Häuslbauen geholt. Auch die Wallfahrtskirche Hafnerberg soll aus Steinen der Burg errichtet worden sein.

Um 1840 wurde eine hölzerne Aussichtswarte auf dem Festenberg aufgestellt, 1900 hat sie der Verschönerungsverein neu errichtet und Luisenwarte benannt, 1930 ist sie vom Sturm zerstört worden. Auf den Wanderkarten ist noch ein rot markierter Weg eingezeichnet – aber die Markierung ist kaum noch zu sehen und der Weg ist stellenweise verfallen oder vom Gesträuch überwuchert.

„Sehr hübsch" wird die Aussicht vom Festenberg in einem alten Touristenführer genannt – jetzt gibt es sie nicht mehr, jetzt wachsen hohe Bäume auf dem Gipfel. Wäre da nicht noch der von Menschenhand geebnete Boden, würde man kaum glauben, dass hier schon vor fünftausend Jahren Frauen in Hütten auf Mahlsteinen Getreide gerieben und später Burgherren einen Zehent eingetrieben haben.

Mehr zu sehen ist noch von der Pankraziburg auf dem Pankraziberg (602 m), die zwar keine Burg ist, sondern eine gotische Kirchenruine – die romantischste vom Wienerwald.

Bevor diese Kirche erbaut wurde, stand aber tatsächlich eine Burg auf dem felsigen Bergkegel, vermutlich Sitz der mit der Gründung vom Kloster Kleinmariazell verbundenen Schwarzenburger. Mit dem Erlöschen dieses Geschlechts kam die Burg in Besitz des Klosters, das sie zu einem stark befestigten Wehrkirchhof umbauen ließ, dessen dicke Mauern mit den Bastionen noch verhältnismäßig gut erhalten sind. 1683 ist „St. Ponkraz in der Kirchen" noch zum Zufluchtsort vor den Türken erklärt worden, 1784 wurde die Kirche aufgelassen.

Wie kam St. Ponkraz in die Kirche?

Der heilige Pankratius war ein Jüngling, der unter Kaiser Diokletian in Rom wegen seines Glaubens enthauptet wurde und er ist einer der „drei Eismänner". Pankratius, Servatius und Bonifatius haben ihre kirchlichen Festtage am 12., 13. und 14. Mai und das sind auch jene Tage, an denen es in Mitteleuropa – nach alten Bauernregeln – zu Kälterückfällen kommt, welche Ernteschäden verursachen. Pankratius war daher ein Bauernnothelfer für diese kritischen Tage.

St. Pankratius war aber außerdem der Patron für das Einhalten von Schwüren. Daraus ergibt sich auch noch eine andere Erklärung für seine Patronanz am Pankraziberg. Vom Gelöbnis bis zur Gründung vom Kloster Kleinmariazell haben sich die Schwarzenburger nicht besonders beeilt. Vielleicht wurde St. Pankratius als Mahnung der Geistlichkeit zum Patron der Burgkapelle gemacht? Angeblich soll ja die Burgkapelle der Schwarzenburger der Vorgängerbau der Pankratiuskirche gewesen sein.

Der „Stockzahn von Nöstach" – letzter Rest der mittelalterlichen Martinskirche.

Können Ruinen schön sein? Viele sind es nicht, sind nur ödes geborstenes und zerbröckelndes Mauerwerk. Die hohen Kirchenwände auf dem Pankraziberg strahlen noch immer eine gewisse Würde aus. Eine schöne Ruine!

Schön ist auch die Turmruine von Nöstach. Sie ist das Einzige, was von der mittelalterlichen Martinskirche übrig geblieben ist. Bis Ende des 18. Jahrhunderts war sie Pfarrkirche; nach Fertigstellung der Wallfahrtskirche Hafnerberg (1745) ist dann diese zur Pfarrkirche von Nöstach geworden. Das alte Kirchlein wurde als Baumaterial um 50 Gulden an einen Maurermeister verkauft; nur der Turm blieb stehen, ein einsamer Stockzahn inmitten eines kleinen Friedhofs.

An den Turm ist eine Totenhalle angebaut, die noch vor einigen Jahrzehnten sehr oft belegt wurde von am Peilstein abgestürzten Kletterern. Jetzt wird sie kaum noch gebraucht – das Klettern ist durch bessere Ausrüstung und

Sicherungsmethoden sicherer geworden. Am Turm ist eine Gedenktafel für die einst am Berg gebliebenen Mitglieder der Bergsteigergruppe des Österreichischen Gebirgsvereines – viele Tote für eine kleine Gruppe. Unterhalb des Stockzahns von Nöstach wohnt das Heimatforscher-Ehepaar Bartak, das sich schon lange intensiv mit diesem Land unter den Peilsteinwänden beschäftigt. Ein ganz eigenartiges Land ist das …

Die Fuxhofnadel auf der Höhe westlich von Nöstach ist in den letzten Jahren zu einem viel besuchten „Ort der Kraft" geworden.

Es ist eine hochwassersichere Hochfläche zwischen zwei Tälern, die von höheren Bergen umgeben ist – ein von Winden geschütztes Land (in dem früher sogar Wein angebaut wurde), ein ideales Bauernland.

Dass die Menschen das schon in alter Zeit erkannt haben, beweisen die archäologischen Funde vom Allander Buchberg und Ölberg wie auch vom Festenberg. Und natürlich gibt es um dieses altbesiedelte Land auch viele Geschichten.

Dort, wo heute die paar Häuser um den Stockzahn stehen, war einmal eine große Stadt … „Die ganze Gegend um Nöstach ist voll Spuren alter Grundfesten, welche die Sage auf eine einst hier gestandene Stadt Schwarzburg bezieht", heißt es in dem 1839 erschienenen Führerwerk von Adolf Schmidl *Wiens Umgebungen*. Bei Nöstach soll einmal ein Hexentanzplatz gewesen sein, zu dem die Hexen von weither (natürlich per Besen) angereist kamen …

Alfred Bartak und seine Frau haben einige interessante Entdeckungen im Gebiet Hafnerberg-Nöstach gemacht. Das ist vor allem eine kleine Felsnadel auf der auffallenden Waldkuppe oberhalb des Fuxbauerhofes. Ein Steinsitz und eine ausgehauene Nische befinden sich an ihrer Westseite, an der Ostseite eine auffallende Kerbe. Die Nadel könnte einst als „Visierstein" zum Beobachten von Himmelskörpern für die Zeitbestimmung gedient haben.

Sooft wir zur Sommerzeit zu dem Stein aufgestiegen sind, trafen wir dort auch die Kühe des Bauern. „Sie verbringen sogar die Nacht am liebsten bei dem Stein!", sagte er uns. Sie müssen sich sehr wohl bei ihm fühlen. Jetzt kommen zum ausgiebigen Wohlgefühltanken auch schon von weither viele Menschen zu dem seltsamen Stein, und wie eine 2002 durchgeführte Untersuchung durch Noemi Kempe vom Grazer Ludwig-Boltzmann-Institut ergab, steht diese Fuxhofnadel auf einem geomantisch besonders starken Platz.

Um den Fuxbauerhof stehen auch einige der noch immer rätselvollen Lochsteine. Es ist der einzige Platz im Wienerwald, wo so viele in einem kleinen Umkreis zu sehen sind. Sie werden auch Gattersteine genannt, weil manche von ihnen jetzt zum Befestigen eines Gatters dienen.

Die Kapelle des „Heilers vom Fuxbauerhof" unterhalb der Fuxhofnadel

In einer 1980 erschienenen Arbeit über Lochsteine in Oberösterreich (wo es besonders viele gibt) hat der Autor Egon Fischerlehner eine interessante Beobachtung festgehalten, nämlich dass bei Steinen an Wegrändern „die Richtung des Loches immer parallel zum Weg verläuft, sodass es nicht zum Durchstecken einer quer zum Weg stehenden Stange verwendet werden kann". Außerdem stellte er fest, dass viele der Lochsteine noch bis in das 20. Jahrhundert hinein erzeugt und errichtet worden sind. Er sieht in den Steinen nach den „mit ihnen verbundenen Bräuchen und Überlieferungen Ausläufer sehr alter Vorstellungen".

Im Rechtswesen hatten sie – und das ist urkundlich belegt – eine Funktion als Grenzzeichen in einem erhöhten Sinn. Das Tor einer Siedlung war auch jener Platz, an dem der Ortsrichter besonders üble Missetäter dem höheren Gericht übergab. Hatte der Ort kein Tor, so gab es stellvertretend dafür eine durchlochte Steinsäule.

Die Volkskunde berichtet von der Bedeutung der Lochsteine im Totenkult. Im Heulen von Gewitterstürmen vermeinte man das Klagen der armen Seelen zu hören und so tat man Mehl oder Brotbrösel in die Löcher um sie zu besänftigen und Haus und Felder vor dem Unwetter zu bewahren. „Windfüttern“ wurde das genannt. Außerdem: An Lochsteinen darf nicht gerüttelt werden, weil das den Armen Seelen weh tut.

Lochsteine sollen – so wie prähistorische Menhire oder auch unsere Grabsteine – zum Gedenken an Tote aufgestellt worden sein.

Interessant: Im Vorhof vom Thermenmuseum in Rom steht eine ganze Reihe Römergrabsteine mit einem durchlaufenden Loch.

Lochsteine vor Bauernhöfen werden auch Haussteine genannt. Sie sollten den engeren Bereich um das Haus schützen und die Volkskundler haben über ihre Bedeutung verschiedene Aussagen erzählt bekommen ... auf ihnen ruht der Segen des Hauses ... wo sie entfernt werden, verschwindet auch das Glück ... in ihnen bewachen die Ahnen den Frieden des Hauses.

Östlich vom Fuxbauerhof sind auf einer Wiesenfläche drei Hügel zu sehen, welche auf den ersten Blick wie prähistorische oder römerzeitliche Grabhügel aussehen. Doch in diesem Gebiet gibt es etliche solcher kleinerer oder auch größerer Hügel, die wie aufgeschüttet erscheinen und doch natürliche Bodenerhebungen sind. Bei jedem der drei Hügel zeigt sich unten gewachsener Fels. Das hat auch zur Vermutung geführt, dass auf diese Felsen Erde aufgeschüttet wurde, um Fixpunkte für Himmelsbeobachtungen zu schaffen, wobei der genau im Hintergrund stehende Peilstein miteinbezogen war.

Auf dem Weg von Hafnerberg zum Fuxbauerhof steht unterhalb von dem Hügel mit der Felsnadel die Fuxbauerkapelle. Der frühere Besitzer des Hofes war einer der bäuerlichen „Heiler“ für Tiere (und nebstbei auch für Menschen). Wenn er etwas „mit-sich-besprechen“ wollte, ist er immer zu diesem Platz im Wald gegangen. Schließlich hat er auf dem Platz eine/seine Kapelle erbaut.

Nicht nur jeder Bildstock, sondern auch jeder bizarre Baum oder Stein ist in diesem Land unter dem Peilstein mehr als nur ein Baum oder Stein, da gibt es um alles und jedes auch ein G’schichterl. Und wir haben geglaubt, dieses Land gut zu kennen, weil wir jahrzehntelang beim Klettern in den Peilsteinwänden da hinuntergeschaut haben!

Mittelalterlicher Bauernhof mit Erdstall

Von alten Bauernhöfen sagen die Besitzer stolz, dass diese „schon sehr alt“ seien – aber wie alt können sie fast nie sagen.

Die Besitzer vom Einbacherhof (Nöstach 2) können dazu schon mehr sagen. Es gibt nämlich eine Urkunde: 1243 kaufte der Pfarrer von Alland für seinen Freund Leonhard vom Kloster Kleinmariazell einen Hof „gelegen in Erinbach“. Spätere Urkunden: 1364 „im Empach“, 1380 „im Eynpach“. Im Totenbuch erscheinen die Besitzer unter den Namen „Einpechker“ und „Eynpechk“ auf. Nach der Urkunde von 1243 bestand der Hof schon zu dieser Zeit. Urkundliche erste Erwähnungen besagen aber über eine eigentliche Entstehungszeit herzlich wenig. So könnte auch dieses Gehöft – so wie die von Schwarzensee – einer der freieigenen Wehrbauernhöfe aus dem 9.

Der Einbacherhof in Nöstach Nr. 2 im Jahre 1905. Im rechten Teil vom Wohnhaus steckt der alte Turmbau.
Foto: Archiv Alfred Bartak, Nöstach

Jahrhundert sein. Für einen Wehrbauernhof spricht der feste Turm, dessen Mauerstärke etwa 80 Zentimeter beträgt. Dieser Turm steckt auch heute noch in dem Bauernhof, ist aber im Zuge eines Umbaues etwas gestutzt und von dem Neubau verschluckt worden. Einst gab es mehrere solche Höfe in diesem Gebiet, jetzt gibt es neben dem Einbacherhof nur noch den Steinkellerhof (Klauswies Nr. 5) und den Lenzenhof (Nöstach Nr. 46).

Der Einbacherhof ist deswegen besonders interessant, weil es in seinem Turm den Einstieg zu unterirdischen Gängen gab, die auch zu zwei ca. 1,30 Meter hohen Kuppelräumen führten. Leider wurde der Einstieg um 1960 zugeschüttet. Erdställe werden solche Anlagen genannt (siehe Seite 41).

Nach Beschreibungen des Hofbesitzers dürften die kleinen gewölbten Räume unter dem Einbacherhof Verstecke für Wertsachen gewesen sein (Hauslöcher). Es soll aber auch ein Gang aus dem Turm hinausgeführt haben. Der Burgenforscher Felix Halmer meinte seinerzeit,

Erdstall im Einbacherhof (jetzt leider zugeschüttet).
Aufnahme von Johann Sandwieser aus dem Jahre 1960.
(Archiv Alfred Bartak, Nöstach)

dass dieser zu dem kleinen Bächlein unterhalb des Hauses geführt habe und zur „Wasserversorgung in Notzeiten“ diente. Tatsächlich können mit der Wünschelrute Hohlräume außerhalb des Hauses gemutet werden.

Das Bächlein liegt etwa 30 Meter unterhalb des Hauses. Wenn Feinde den Turmhof umstellt hatten, dann wäre das Wasserholen kaum möglich gewesen und ebenso wenig eine Flucht durch den Gang. So gut getarnt hätte der Ausstieg auch gar nicht sein können, dass ihn der Feind nicht bemerkt hätte. Auch die Russen auf ihren Plünderungsstreifzügen im Jahre 1945 haben – so erzählte uns der Hofbesitzer – sofort den Einstieg in die Hauslöcher gefunden.

Der Einbacherhof mit seinem Turm und den unterirdischen Gängen – ein interessantes Relikt aus früherer Zeit des Wienerwaldes.

Eine herrliche Lage hat der Hof auf dem Sonnenhang. Durch viele Jahrhunderte sind die „Einpecker“ hinter dem Pflug gegangen; als wir den Hof im November 2001 aufsuchten, kam der Besitzer hoch auf dem Traktor von seinen Feldern zurück. Durch viele Jahre bewirtschaftete er schon ganz allein mit seiner Frau den Hof. Auch die Wienerwaldbauern haben kein leichtes Leben. An diesem Tag hatte er schon um vier Uhr früh mit der Arbeit begonnen. Und im Jänner 2002 ist „Herr Gottfried Grandl, vulgo Einbacher, Vizebürgermeister der Marktgemeinde Altenmarkt an der Triesting a. D.“, plötzlich und unerwartet im 65. Lebensjahr gestorben.

Wallfahrtskirche Unsere Liebe Frau am Hafnerberg

Im Jahre 1653 errichtete der Müller Pankratius Reichard aus Fischamend auf dem Hafnerberg eine Steinsäule (die jetzt hinter dem Hochaltar steht) mit einer Marienstatue. Eine Mariensäule zu errichten hatte der Müller gelobt, wenn seine erkrankte Frau wieder gesund werden würde. Die Frau wurde gesund – der Müller vergaß sein Versprechen. Dann starb die Frau. Und auf einer Fahrt nach Mariazell wurden auf dem Steilweg unter dem Hafnerberg die Pferde scheu und der Wagen des Müllers stürzte um. Darauf löste der aus Lebensgefahr gerettete Mann sehr schnell sein Gelöbnis ein.

1713 wollte der Kaufmann Michael Fürst mit

seiner Frau nach Mariazell wallfahrten. In Annaberg wurde ihnen jedoch wegen der grassierenden Pest der Weiterweg verboten. Beim Rückweg wurde die Frau krank, aber kein Haus nahm sie aus Angst vor der Seuche auf. Erst in Nöstach fanden sie Unterkunft. Aus Dank stifteten sie 1716 eine Holzkapelle über der Steinsäule auf dem Hafnerberg.

Die Wallfahrtskirche Unsere Liebe Frau am Hafnerberg am alten Wallfahrerweg (Via sacra) nach Mariazell.

1729 beschloss Abt Ildephons Mannagetta von Kleinmariazell den Bau eines großen Gotteshauses an diesem Platz, wobei der Wiener Sattlermeister Adam Petras zum großen Stifter wurde. 1745 war der Bau vollendet. So entstand die Wallfahrtskirche Hafnerberg. Sie entstand weder auf einem alten Kultplatz noch kann sie mit einem besonders spektakulären Wunder in Verbindung gebracht werden. Sie entstand aus einem ganz profanen Grund.

Kloster Kleinmariazell liegt dicht neben dem Wallfahrerweg nach Mariazell – aber doch nicht so dicht, dass damals die Wallfahrer die Kirche auch aufsuchten. Im 18. Jahrhundert hatten die Mariazeller-Wallfahrten so stark zugenommen, dass die Opfergelder der Wallfahrer für die am Weg liegenden Kirchen und Klöster eine große Einnahmequelle waren. So kam es zur Erbauung der Kirche auf dem Hafnerberg, deren Inneres so voll Glanz und Gloria ist, dass es die verschwitzt oder regennass daherkommenden Wallfahrer für ein Stück vom Himmel halten mussten. Zwei Tiroler haben dazu wesentlich beigetragen: Balthasar Moll (der auch den Doppelsarkophag von Maria Theresia und Franz I. in der Wiener Kaisergruft schuf) hatte den Hochaltar entworfen ... eine festlich-sakrale Bühne, auf die eine muntere und neugierige Schar Engelchen von oben hinabschaut. Von dem Tiroler Ignaz Mildorfer stammt das große Kuppelfresko einer Verherrlichung Marias und mit so vielen allegorischen Darstellungen herum, dass interessierte Betrachter vom langen Hinaufschauen leicht ein steifes Genick bekommen können.

In der Wallfahrtskirche geschieht auch ein „Weihnachtswunder". Dem Organist der Kirche war aufgefallen, dass der Hochaltar bei wolkenfreiem Himmel zu Weihnachten hell im Sonnenlicht leuchtet. Der Heimatforscher Alfred Bartak hatte dann dieses Phänomen genau beobachtet und auch fotografiert. Demnach erreicht der Lichteinfall durch das Chorfenster zur Wintersonnenwende den Altar und am 25. Dezember um 9 Uhr trifft der Lichtstrahl die Madonna auf dem Hochaltar.

Das am Weihnachtstag vom einfallenden Sonnenlicht bestrahlte Gnadenbild von Hafnerberg (fotografiert von Alfred Bartak)

Solche mystischen Effekte sind an vielen Sakralbauten des Altertums und des Mittelalters feststellbar, an einem Kirchenbau aus dem 18. Jahrhundert sind sie außergewöhnlich. Das Einbeziehen der hinter dem Peilstein aufgehenden Sonne für ein „Weihnachtswunder" in der neuen Wallfahrtskirche könnte auf die Überlieferungen zurückgehen, dass dieser Berg einst Richtpunkt für die Zeitbestimmung war. Und sicher ist es auch kein Zufall, dass in dem großen Kuppelfresko ein Lichtstrahl dargestellt ist, der vom Heiligen Geist durch Christus bis zu Maria führt. Alte Mystik auch im barocken Überschwang!

1990 wurde das alte Mirakelbuch der Kirche wiedergefunden (1994 von Thomas Aigner in einer Diplomarbeit veröffentlicht). Es beginnt mit dem Jahr 1740 und hat den schönen Titel *Verzaichnus Deren Merckwürdigen Wohltatten und Gnaden. Welche die allerseeligste Mutter Gottes Maria Mittel ihres Gnadenbilds in den Neuerbauten Gotteshauß auff dem Haffnerberg ihren andächtigen Pflegkündern villfältig erwisen hat.*

Mirakelbücher sind faszinierende kulturgeschichtliche Dokumente. Hier einige der Eintragungen:

Leopold Wipffler aus Wien hatte einen „brandtinficirten armb", den ihm die Ärzte abnehmen wollten. Er sagte: „Weil Niemandt in der Wiennstatt mir helffen kann, alß will ich Mein anliegen mit vertrauen an die Mutter Gottes am Haffnerberg Gott anheim Stellen, den Armb aber laß ich nicht abnehmen." Worauf bald „der schmertz abgenohmen, der Schaden geheylet und die billiche gesundheit erfolget".

Eine grausige Geschichte ist die der Juliana Köttner aus Gaaden. Unter „unsäglichen geburts Schmertzen ware sie 3 Täg durch baader und hebammen Eüsserst bezwungen worden, umb daß hervor gebrachte Kind von der Mutter mit Gewalt ab- und außzulesen, also daß man dem Kind an dem Köpflein Merentheil die haut blutig herab gerissen ..." Vergebens. Man erwartete den Tod der Mutter um die „Leibs Frucht außzuschneyden". Die kommt zu Sinnen und betet zur „Gnadenreichen Mutter am Haffnersberg". Worauf die „Geburth eines Knäblein glickhlich erfolget". Das Kind ist dann nach 13 Tagen verstorben, die Mutter aber vollständig gesund geworden.

Es gibt auch lustige Eintragungen in dem Mirakelbuch. Einem Forstknecht aus Furth ist von Wilderern ein „Kostbares Feürrohr abgenommen worden". Während einer Messe auf dem Hafnerberg rief er die Mutter Gottes um Hilfe an - und bekam sein Gewehr wieder.

Auch Magisches findet sich. In Gutenstein stand ein Hammerwerk in Flammen. Zwischen dem Werk und dem Haus des Besitzers hatte ein großer Scheiterhaufen ebenfalls schon zu brennen begonnen. Das Wohnhaus in Gefahr! Da wirft der Sohn des Besitzers einen Kupferstich vom Gnadenbild am Hafnerberg in den brennenden Scheiterhaufen ... „Das Feür wird gedampfft und das Hauß erhalten; nachdem sie den Scheitterhauffen durchsucht, haben sie das Bildt unverletzter miten vom Scheiterhaufen heraußgezogen und zur Wahrheit anhero gebracht."

Nicht nur Votivtafeln wurden früher in die Wallfahrtskirchen gebracht, auch Krücken nach wundersamen Heilungen oder abgegangene Nierensteine oder Bruchbänder. In Hafnerberg war sogar ein „Daumen samt der Flachßen" deponiert, welcher vom darumgewickelten Leitseil eines scheu gewordenen Pferdes einem Mann abgerissen worden war.

Um die vierhundert an „merckwürdigen Wohltatten und Gnaden" sind innerhalb von zehn Jahren im Hafnerberger Mirakelbuch verzeichnet. Das Faszinierende am Wallfahrtsort Hafnerberg ist, wie rasch er sich zum Wunder- und Gnadenort entwickelt hat. Die wundersame Kraft des Glaubens an Wunder!

Vom „Zeichenstein“ zum „Mirakelbründl“

Zum Sonntagberg habe ich eine sehr alte Beziehung ... In den Jahren um 1930 war es für mich eine Reise in die große weite Welt, wenn meine Eltern mit mir eine Woche lang zur Schartner-Tante fuhren, die am Sonntagberg in einem kleinen Häuserl wohnte.

Einmal hatte ich zu viel von den am Boden herumliegenden (noch unreifen) Zwetschken gegessen und Durchfall und Fieber bekommen. Die Tante gab meiner Mutter ein kleines Papiersäckchen mit einem Pulver. Das sollte ich in Wasser aufgelöst trinken.

„Das is ja nur a Sand!“, sagte die Mutter zum Vater. „Das geb i dem Karli nicht!“

Zu mir sagte sie, dass ich das aber um Himmelswillen nicht der Tante sagen soll.

Am nächsten Tag hatte ich noch immer Fieber. Die Tante konnte das nicht begreifen ... „Bis jetzt hat doch das Sonntagbergpulver noch immer geholfen!“

Da war meine Mutter verzweifelt ... „Hätten wir doch nur dem Karli das Pulver gegeben!“

So hätte ich noch im 20. Jahrhundert mit dem berühmten „Sonntagberger Fiebertrankl“ geheilt werden sollen.

Schon lange bevor im 15. Jahrhundert eine Kapelle zu Ehren der Hl. Dreifaltigkeit und bald darauf eine Kirche auf dem Sonntagberg erbaut worden sind, war da oben in vorchristlicher Zeit bei einem Stein ein Kultplatz. Wie bedeutsam dieser Stein gewesen sein muss, zeigt sich daran, dass ein Teil von ihm noch immer im Hochaltar der Anfang des 18. Jahrhunderts erbauten großen Wallfahrtskirche steckt. Außerdem ist auch ein Stück des Steins im Denkmal vom „Steinwunder“ gleich beim Kircheneingang.

Kreuzigungsgruppe in der Kapelle auf der Schoberberghöhe. Linke Seite: Szenische Darstellung des Steinwunders (aus dem 18. Jahrhundert) in der Wallfahrtskirche auf dem Sonntagberg.

Das Steinwunder: Ein Hirt, der seine Schafherde verloren hatte, rief auf dem Gipfel des Sonntagberges die Hl. Dreifaltigkeit um Hilfe an. Dann schlief er ermattet ein. Im Traum sah er, wo seine Herde weidete, und als er erwachte, lag auf dem Stein ein Brot für seine Stärkung. Der Himmel hatte ein Zeichen gegeben und der Stein wurde dann „Zeichenstein“ genannt.

Diese Legende – so meinen die Volkskundler – dürfte erst in der Zeit der Gegenreformation entstanden sein. Der damals noch bestehende Brauch, weiße Brote bei dem Stein zu opfern, sollte mit ihr ein christliches Mäntelchen bekommen. Beim Kirchenneubau im 18. Jahrhundert wurde aber auch „eine große Menge von diesem Felse, weil es ohnedem der Bau erforderte, herausgebrochen und aufbehalten".

Man hat sie aber nicht lange „aufbehalten"; für die Geistlichkeit vom Sonntagberg wurde sie bald zur guten Einnahmequelle. Diese hat kleine Stücke den Wallfahrern überlassen wie auch aus dem beim Zerbrechen entstandenen Steinstaub (vermischt mit Hafnererde) „kleine Zeltlein mit dem Sonntagbergischen Bildnis der Allerheiligsten Dreyfaltigkeit" gebacken.

Die Zeltlein haben die Leute als Talisman verwendet, die Steinstücke auf kranke Körperteile gelegt oder gebunden. Für die Versuche totgeborene Kinder wieder zum Leben zu erwecken – das gab es am Sonntagberg auch! – legte man diese aufs Herz.

Der Stein wurde auch ins Wasser gegeben und dieses getrunken oder das Vieh damit gewaschen. Intensivere Heilwirkung versprach man sich, wenn der Stein pulverisiert ins Wasser getan wurde. So entstand das berühmte „Sonntagberger Fiebertrankl".

Der Glaube an die besondere Wunderkraft des puren Steinpulvers war bald so stark, dass es bei Augenleiden sogar in diese eingeblasen (!) wurde.

Für jedes Leiden vom Fuß bis zum Kopf schien das wundersame Steinpulver heilsam zu sein und kein Wallfahrer versäumte es daher, für sich und alle seine Verwandten (und auch für das liebe Vieh) etwas davon nach Hause mitzunehmen. Das führt zur Frage: Wie groß war die Menge von dem Sonntagberger Stein, welche damals beim Kirchenneubau „aufbehalten" wurde?

Neben Mariazell und Maria Taferl zählte der Sonntagberg zu den am meisten besuchten Wallfahrtsorten Österreichs. 122.000 Personen wurden im Jahre 1757 gezählt und auch noch im 19. Jahrhundert kamen an Festtagen bis zu 4000 Wallfahrer. Das sind Massen! Ob da der „aufbehaltene" Stein bis in das 20. Jahrhundert hinein gereicht hat? Wahrscheinlich wird es zu einer wundersamen Steinvermehrung gekommen sein – inspiriert von der magischen Vorstellung, dass Wunderkraft auch bloß durch Berührung übertragbar ist.

„Durch Überfluss göttlicher Gnaden recht fetter Berg Gottes" wurde im barocken Überschwang der Sonntagberg genannt. Ein berühmter Berg ist er und ein schon seit langer Zeit viel aufgesuchter Platz. Und so wie bei fast allen solchen Plätzen so ist es auch am Sonntagberg ... daneben ist es sehr still.

In ein richtiges Bauernland führen die vom Sonntagberg ausgehenden Wanderwege. Windhag heißt ein Kirchweiler oben auf der Höhe, Stritzlödt eine kleine Streusiedlung. Obstbäume überall (wir sind ja auch im Mostviertel).

Auf der Schoberberghöhe steht in einer Holzhütte eine Kreuzigungsgruppe, bei der das Leiden der am Kreuz hängenden Gestal-

St. Aegidi am Walcherberg. Barockes Mirakelbild mit Heilsuchenden beim Mirakelbründl.

ten besonders drastisch dargestellt ist. Fast irrsinnig vor Pein winden sich die beiden Räuber mit ihren zertrümmerten Beinen. Vor einiger Zeit wurde die Bemalung erneuert, wobei das knallige Rot der weit aufgerissenen Münder die qualvollen Schreie fast hörbar macht.

Ein Mann mit einem Buckelkorb voll Holz kam daher und erzählte uns, dass ein Henker, ein Scharfrichter als Sühne diese Gruppe geschnitzt haben soll. „Ein recht frommer Scharfrichter war's!"

Auch uns hielt der Mann für fromm, weil wir vom Sonntagberg kamen ... „Und jetzt geht ihr wahrscheinlich zum Mirakelbründl?" Von dem hatten wir noch nie etwas gehört. Ob es weit bis zu ihm sei?

„Weit is net! Aber auch wenn's fuffzig Kilometer weit weg wär' – da müsst ihr hin!" – Also gingen wir hin.

Es waren keine fünfzig Kilometer, nicht einmal fünf Kilometer bis zum Aegidikircherl am Walcherberg und dem Mirakelbründl.

St. Aegidi am Walcherberg. Mitten in einer Wiese, in der Kühe grasen, entspringt das Mirakelbründl.

Die kleine Kirche war versperrt. Die Leute von den paar Häusern in ihrer Umgebung waren alle auf den Feldern. Und weit und breit konnten wir kein Mirakelbründl sehen!

Mirakelbründl – wir hatten uns eine Quelle in einem romantischen Winkel vorgestellt mit moosbewachsenen Steinen und unter efeuumwucherten Bäumen. Es war ein brennheißer Tag und auf das Mirakelwasser des Bründls hatten wir uns schon gefreut.

Eine gute Weile hockten wir auf dem Bankl vor der Kirche, bis endlich eine Frau den Weg daherkam. Wo ist das Bründl?

„Da unten in der Wiesn war's schon immer und is noch immer!"

Da unten in der Wiese stand ein Bildstock unter einem Baum und neben einem windschiefen Holzhüttl. Darin war ein von Spinnweben überzogener gemauerter Brunnenschacht, in dessen trübem Wasser einige tote Fliegen und Käfer schwammen. Ein langer Stecken lehnte daneben mit einem daran gebundenen Plastikbecher. Wir verzichteten darauf, unseren Durst mit dem Mirakelwasser zu löschen.

Am Boden des Hüttls lehnte ein großes Votivbild aus dem 18. Jahrhundert, welches das Bründl zu dieser Zeit zeigt. Die Farben waren schon stark verblasst, aber doch war deutlich zu erkennen, dass es damals nicht viel anders ausschaute als heute. Das Bild zeigt aber auch, wie groß einst der Andrang bei der Heilquelle war: Fußkranke hinken auf Krücken zu ihm hin oder baden davor in einem Wasserschaff ihre Füße, andere trinken das Wasser oder tragen es in Krügen hinweg. Ein in großen Buchstaben geschriebenes „Ruhmesblatt" verkündet, welche große Barmherzigkeit der „Allmechtige Gott" der Menschheit mit diesem Aegidibründl erwiesen hat.

Armselig, verlassen und vergessen war uns zuerst das morsche Bründlhüttl in dem steilen Wiesenhang erschienen. Nie und nimmer hätten wir an diesem kaum in Hochstimmung versetzenden Platz ein Mirakelbründl erwartet. Öd und traurig auch das Innere des Hüttls mit dem zerfallenden Brunnenschacht und dem verblichenen Gemälde ...

... aber kühl war es da drinnen! Und sehr still. Nur wenn draußen eine der träg im Grase liegenden Kühe eine lästige Fliege vertreiben wollte, war Glockengebimmel zu hören.

War es die Stille? War es etwas anderes?

In der Bretterbude und vor dem Schacht kamen wir seltsamerweise bald in eine viel feierlichere Stimmung als in der pracht- und prunkvollen Sonntagberger Basilika, in der wir einige Stunden zuvor gewesen waren.

Ein altes Quellheiligtum ist das Bründl. Bereits 1290 wird ein dort stehender „Capella"-Hof urkundlich genannt. 1526 wurde aus der Kapelle eine kleine Kirche, die aber bald darauf (1532) von den Türken verwüstet wurde. Erst 1632 konnte sie wesentlich erweitert als Wallfahrtskirche wiederaufgebaut werden. Das eigentliche Ziel der Wallfahrer war aber stets das Aegidibründl, das Mirakelbründl.

St. Aegydius lebte im 8. Jahrhundert in Frankreich, war zuerst Einsiedler, dann Gründer eines Klosters. Als Einsiedler hatte er nur von der Milch einer Hirschkuh gelebt, darum wurde er als Heiliger zu einem Viehpatron und Experten in „Milchangelegenheiten". Der richtige Heilige für dieses Hörndlbauernland.

Jetzt ist die einst windschiefe Bretterbude neu gezimmert, der Brunnenschacht neu gefasst und das alte Votivbild schön und gut restauriert. Mit einem sauberen Schöpfgefäß an einer langen Stange kann das Wasser aus dem Brunnen heraufgeholt werden. Und es kommen immer noch Leute mit Flaschen, um sich Wasser vom Mirakelbrunnen mit nach Hause zu nehmen – so wie es schon auf dem vor langer Zeit entstandenen Votivbild zu sehen ist.

In einem alten Bauernland hat sich der Glaube an Altüberliefertes – wie die Wunderkraft gewisser Steine und Quellen – länger erhalten als anderswo.

Bei unserem ersten Besuch von St. Aegidi am Walcherberg hatte ich die Bäuerin, welche uns das Mirakelbründl zeigte, gefragt, ob das Wasser auch trinkbar sei. Wir haben es

wegen der darin schwimmenden Viecher dann doch nicht getrunken, aber unvergessen bleibt uns, wie die Frau auf diese Frage reagiert hat …
Sie war richtig bestürzt, hatte zum Himmel aufgesehen und gesagt: „Das kann ja gar net anders sein … das is doch a heiligs Wasser!“

„Seelige Einsamkeit“ in der Kartäuserhöhle

„Die Kartäuserhöhle is da oben!“
Wir waren nach Gaming gefahren, weil wir die geheimnisvolle Kartäuserhöhle aufsuchen wollten. Eine Fluchthöhle soll sie gewesen sein und mit einem unterirdischen Gang war sie mit der Kartause verbunden. Rätselvolle Zeichen und Inschriften gibt es darin und auch nicht ganz geheuer soll es in ihr sein … sogar ein Priester sei aus der Höhle ganz verstört wieder herausgekommen.
Wir wussten nur, dass die Höhle in der Westflanke des Schwarzenbergs sein soll. Näheres wollten wir in Gaming erfragen. Doch dort war nichts Näheres zu erfahren. Dort sagten uns die Leute nur, dass die Höhle da oben am Berg sei …
So wurde unsere Suche nach der Kartäuserhöhle zum Fiasko. Stundenlang waren wir dann „da oben am Berg“ ausgeschwärmt und hatten in den bewaldeten Steilhängen vergeblich nach der Höhle gesucht.
Zweiter Versuch. Ein Forstarbeiter hatte uns die Lage der Höhle genau beschrieben und so haben wir sie dann auch gefunden. War das ein Halleluja-Gefühl, als wir vor dem dunklen, in die Tiefe führenden Schlund standen!
Zehn Minuten später war's aus mit dem Jubel!
Wir standen am Ende der Höhle und so sehr wir auch unsere Lichter an den Wänden kreisen ließen – wir sahen keine Inschriften.
Wieder ein Fiasko! Der Forstarbeiter ist nur beim Eingang der Höhle gewesen, ist aber nicht hineingegangen. Und ein Kollege von ihm sagte uns … „Dort, wo ihr geglaubt habt, dass die Höhln aus is – dort fangt's erst richtig an!“
Aller guten Dinge sind drei! Bevor wir wieder nach Gaming fuhren, wollten wir es schon genau wissen, ob die Höhle dort wirklich erst richtig anfängt, wo wir geglaubt hatten, dass sie aus ist. In der *Zeitschrift für Karst- und Höhlenkunde* (Berlin 1942) fanden wir dann auch eine vom Freiherren von Gzoernig verfasste Beschreibung:
„Mitten im weglosen steilen Wald des Westhanges, in einer der zahlreichen Felsgruppen aus Reiflinger Kalk, öffnet sich in 800 m Seehöhe in der Felswand ein schräg abwärts führender Trichter von anfangs 2 x 2 m Weite. Über Schotter steigt man steil hinab, man freut sich aber zu früh, wenn man glaubt, es ginge wie anfangs mannshoch und 4–5 m breit weiter – denn in der Tiefe wird die Höhle niedrig und durch Schotter fast geschlossen. Nur ein enger Durchschluf, den man sich erst durchgraben muss, gibt die Möglichkeit zu weiterem Vordringen, richtiger am-Bauch-hinabrutschen. 8 m lang muss man sich durchzwängen, dann aber steht man plötzlich in einer schönen Halle von 10 m Breite. Rechts eine 8 m hohe, mit Stalagmiten und Zapfensinter geschmückte Wand. Links ein Kamin, zu Kolken ausgewaschen, ebenfalls tropfsteinge-

Vor der Inschriftenwand in der Kartäuserhöhle

ziert. Und in einer glatten Wandnische schon die erste der alten Inschriften. Stufenförmig geht die Halle abwärts, eine Tropfsteinsäule, gerippt wie altgriechische Ornamentik, liegt am Boden, und von der Decke hängen zarte Sinterröhrchen herab. Es wäre ein Märchen, wenn nicht frühere Besucher doch hie und da etliches beschädigt hätten, bis man am Ende der Halle, 105 m vom Tage entfernt, überrascht vor einer 2 m hohen dreieckigen Naturtafel steht, einer herabgebrochenen Harnischplatte, voll bedeckt von fein säuberlich mit Kohlenstift hingemalten Namen, Jahreszahlen und geistlichen Zeichen."

Diese Inschriftenwand beeindruckte uns so sehr, dass wir sie zuallererst sehr lange still und stumm betrachteten. Die vor Jahrhunderten angebrachten Inschriften sind noch so gut erhalten, als wären sie erst vor wenigen Jahren angebracht worden. Und vor diesen Inschriften und in dieser Finsternis und in dieser Stille wurde uns bald bewusst, dass diese Höhle keine Fluchthöhle war, sondern eine „Außenstelle" der

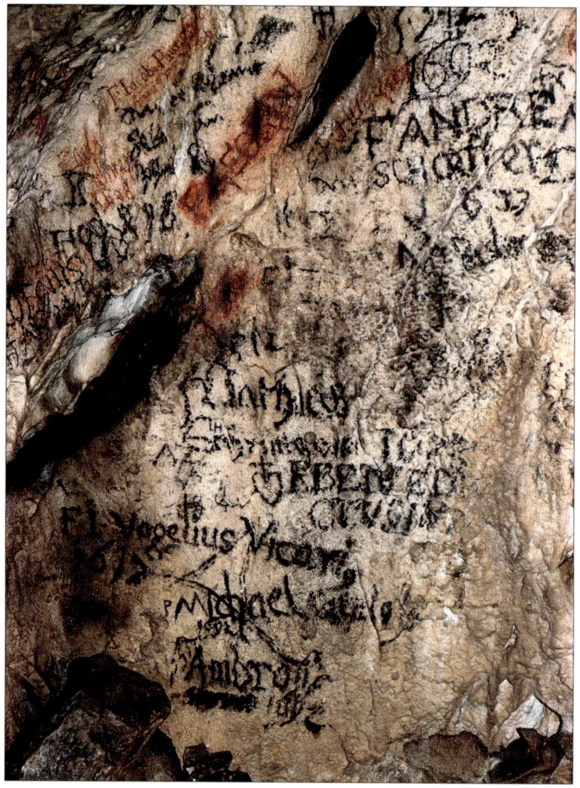

Die Inschriften in der Kartäuserhöhle sind noch so gut erhalten, als wären sie erst vor kurzem angebracht worden.

Kartause Gaming ... eine Meditationsstätte. Die Kartäusermönche lebten nach strengen Regeln: kein Fleischgenuss, viele Fasttage, Schweigepflicht, wenig Schlaf, dafür viele Gebetsstunden. Aber sie waren dabei zufrieden und glücklich. In der Kartause Gaming steht ihr Wahlspruch zu lesen: *O beata solitudo. O sola beatitudo* (O selige Einsamkeit, O einzige Seligkeit).

Allein oder in kleinen Gruppen – höchstens vier, fünf Mann – haben die Mönche die Höhle für besondere Tage innerer Einkehr aufgesucht. Und bevor sie wieder ans Tageslicht zurückkehrten, haben sie ihre Namen mit Kohle oder Rötelstiften an der Wand verewigt mit den Zusätzen *Con* (= Conversus = Laienbruder), *Nov* (= Novize), *F* (= Frater), *P* (= Pater), *Vicarius* (= Pfarrer). Auch die der Welt entsagenden großen Schweiger haben dem großen Verewigungsdrang im Menschen nicht widerstehen können.

Die älteste Inschrift stammt aus dem Jahre 1512, alle anderen aus der Zeit bis zur Klosteraufhebung im Jahre 1782. Dann geriet die Höhle in Vergessenheit und wurde erst 1924 von dem Gaminger Schustermeister Zeller wiederentdeckt.

Wir blieben sehr lange in der Höhle. Einige Male knipsten wir die Lampen aus und genossen die totale Finsternis. Genossen die totale Finsternis? Das klingt verrückt, aber das taten wir tatsächlich. Und auch dann, als wir uns zum Aufbruch entschlossen hatten, zipften wir noch lange herum, bis wir dann endlich wirklich loszogen. Der Platz schien uns nicht loszulassen.

Wir kehrten erst wieder in die Wirklichkeit zurück, als wir in dem an diesem Tag besonders nassen und schlammigen engen Schluf auf dem Bauch bergaufwärts robbten ... „Himmelfixsakra!“, fluchte ich unmeditativ, als mein Anorak an einem Felszacken hängen blieb.

Etliche Jahre später rief mich ein Buchhändler aus Purkersdorf an und sagte, dass er mir für eines der schönsten Erlebnisse seines Lebens danken wolle ...

Ich hatte in einem Vortrag in Purkersdorf auch von der Kartäuserhöhle erzählt und das hatte ihn animiert – so wie die Mönche vor einigen Jahrhunderten – ebenfalls einige Zeit in der Höhle zu verbringen.

Er hatte ausreichend Licht, Wasser und Proviant mitgenommen und natürlich auch warmes Gewand und Biwakzeug – und das alles dann kaum gebraucht! Mehr als fünfzig Stunden war er in der Höhle und diese Zeit ist ihm nachher so lang wie die Ewigkeit und gleichzeitig so kurz wie ein Augenblick erschienen. Er ist zeitlos geworden und dabei – wie er sagte – in einen unbeschreiblichen Zustand gekommen ...

O beata solitudo. O sola beatitudo ...

„Post sex" in Wieselburg

„St. Wolfgang, dir sei anvertraut hier dieser Ort, den du erbaut" – am Gartenportal des ehemaligen Pfarrhofes von Wieselburg (Pfarrhofgasse 3) hängt ein auf Blech gemaltes Bild aus dem 18. Jahrhundert mit dieser Inschrift.

Das Bild ist eine Darstellung der mittelalterlichen „Post-sex -Legende" vom Kaiser Heinrich II. (dem Heiligen) und dem heiligen Wolfgang, der Lehrer des (damals noch) Herzog Heinrich von Bayern war. Einmal träumte dieser, dass ihm Wolfgang erschien und auf eine Schrift an einer Mauer wies: *Post sex* (= „nach sechs"). Heinrich glaubte, dass er nach sechs Tagen sterben werde, und gab viele Almosen. Nach den sechs Tagen nahm er an, dass sechs Monate gemeint seien, und verlebte diese in banger Furcht. Und als auch diese vergangen waren, hoffte er, dass ihm noch sechs Jahre gegönnt wären, und führte ein frommes Leben. Das sechste Jahr verging, das siebente brach an – und Herzog Heinrich wurde Kaiser.

Das derb gemalte und schon etwas verblasste Bild ist kein Kunstwerk, es ist aber eine eindrucksvolle Bestätigung für den Aussagewert alter Überlieferungen. Denn noch in dem 1953 vom Bundesdenkmalamt herausgegebenen *Dehio-Niederösterreich* ist über die Pfarrkirche Wieselburg zu lesen: „Pfarre 1101.2sch.spgot.Lhs. um 1500". Dass der heilige Wolfgang den Ort Wieselburg gegründet habe, galt damals noch bloß als eine schöne Legende. War er doch schon im Jahre 994 gestorben.

1952 schlug der Blitz in die Kirche ein – und gleichzeitig auch in die Historie!

Bei dem Wiederaufbau und gleichzeitigen Ausbau der vom Brand zerstörten Kirche fanden auch archäologische Untersuchungen statt, welche ergaben, dass alle Historiker geirrt hatten und das holprige Verserl auf dem bescheidenen Blechbild stimmt ... St. Wolfgang hatte den Ort erbaut!

Auf dem Höhenrücken über dem Zusammenfluss von Großer und Kleiner Erlauf hatte Bischof Wolfgang von Regensburg ab 976 das *Castellum Zvisila* (daraus wurde Wieselburg) und erste christliche Gotteshaus in diesem Gebiet errichten lassen.

Tonscherben wurden auf diesem Kirchenberg aus allen Epochen von der Jungsteinzeit bis in die Römerzeit gefunden, Siedlungsspuren gab es keine.

Wieselburg über dem Zusammenfluss von Großer und Kleiner Erlauf. Ansichtskarte aus dem Jahre 1915.

Herta Ladenbauer, die Leiterin der Untersuchung, nimmt an, dass der Berg in alten Zeiten nur aufgesucht wurde, er „könnte in Friedenszeiten ein Versammlungsplatz für Feste und familiäres Brauchtum, auch ein Gerichtsplatz und vielleicht auch bewachter Marktplatz gewesen sein und in Zeiten der Not auch als erster gemeinsamer Fluchtplatz gedient haben. Dass sich hier eine alte Kultstätte für die Zeiten der inneren Einkehr befunden haben könnte, lässt wohl auch der Wunsch von Bischof Wolfgang erkennen, gerade dorthin eine christliche Kirche zu setzen.“ Die St.-Wolfgangs-Kirche war ein würfelförmiger Bau, dem ein Oktogon mit Kuppel aufgesetzt worden ist. Wie ein Finger Gottes ist sie weithin sichtbar auf der Höhe gestanden!

Dieser um 990 entstandene Zentralbau – jetzt allgemein „Oktogon“ genannt – ist noch immer das Herz der später immer weiter ausgebauten Kirche. Heute erscheint es unbegreiflich, dass der beeindruckende, 13,5 Meter hohe Kuppelbau bis zu dem Blitzschlag im

Wieselburg. Modell der Befestigungsanlage und Kirche des heiligen Wolfgang (ausgestellt im Oktogon der Kirche).

Jahre 1952 für einen Karner gehalten wurde.
St. Wolfgang war ein Missionar. Seine Kirche auf dem Hügel sollte auch zum Siegeszeichen seiner Ostmissionierung werden und war höchstwahrscheinlich – so wie es Papst Gregor der Große schon im 6. Jahrhundert den Missionaren empfohlen hatte – am Platz des vorchristlichen Heiligtums errichtet worden.
So haben dann auch radiästhetische Bodenuntersuchungen durch die Prähistorikerin Christine Neugebauer-Maresch ergeben, dass sich vor dem Altar im Oktogon ein stark positives Kraftfeld befindet. Alle Radiästheten kamen bei der Mutung dieses Platzes zu diesem Ergebnis. Diese frühromanisch/ottonische Zentralkirche ist nicht nur „der älteste, im Wesentlichen erhaltene Bau aus deutscher Zeit weit und breit, und darüber hinaus in seiner Art etwas ganz Einmaliges für ganz Österreich“ – sie ist auch einer der stärksten Kraftplätze des Landes.
Interessant ist die Reaktion von verschiedenen Menschen an solchen Plätzen. Wir ha-

ben das bei etlichen Führungen in das Oktogon beobachtet ...

Da sind die kunsthistorisch Interessierten, welche die sehr schlecht erhaltenen Fresken aus der Zeit kurz nach dem Jahre 1000 zu erkennen versuchen ... die Evangelistensymbole, den Pantokrator. Sie sind in einer anderen Sphäre, bei ihnen wirkt der Kraftort nicht so intensiv ...

... nicht so intensiv wie bei den anderen, welche an nichts Bestimmtes denken und nur den Raum auf sich wirken lassen. Sie sagten nachher, dass sie ein Wohlgefühl empfunden haben. Oder: Dass sie vorher müde waren und jetzt nicht mehr. Einige haben aber auch unter der Kuppel Kopfschmerzen verspürt und diesen Platz verlassen müssen. Das waren die Feinfühligen. Unbeeindruckt geht niemand aus dem Oktogon wieder hinaus.

Zurück zu der Blechtafel am alten Pfarrhof ... „St. Wolfgang, dir sei anvertraut hier dieser Ort, den du erbaut." Viele Leute sind daran vorbeigegangen, gescheite Leute, Historiker, Kunsthistoriker ... dass St. Wolfgang tatsächlich der Gründer von Wieselburg war, hat keiner geglaubt. So ist die Blechtafel zu einem Vergissmichnicht-Denkmal geworden für jene, die meinen, dass alles schon früher Gesagte nur Schnee von gestern ist.

Die Malerei auf der Blechtafel zeigt Kaiser Heinrich II., dem der von Engeln umgebene heilige Wolfgang erscheint mit einem Pergament in der Hand, auf dem früher zu lesen war: „post sex" (jetzt ist diese Schrift bei einer Restaurierung weggelassen worden).

Auch diese mittelalterliche „Post-sex-Legende" ist kein Schnee von gestern, sondern in ihrer Aussage zeitlos. Wie würde jeder Mensch, wie würden alle Völker dieser Erde reagieren, wenn ihnen „nach sechs" (Tagen, Wochen, Monaten, Jahren???) eine große Veränderung prophezeit werden würde?

Schönbühel und Gerolding: Bethlehem und Schlangenstein

Schloss Schönbühel „kennzeichnet wahrzeichenhaft den Eingang in die Wachau" *(Dehio-Niederösterreich)*. Doch das Wahrzeichen ist Privatbesitz, unzugänglich, und darum sind wir zum Fuß des Schlossfelsens hinabgestiegen um es von dort in seiner ganzen Größe zu sehen.

Dort hat Hermann Schwammenhöfer vor einigen Jahren Keramikbruchstücke aus prähistorischer und römischer Zeit wie auch aus dem frühen Mittelalter gefunden. Der Mensch war also schon vor vier/fünf Jahrtausenden auf dem Felsen. Im Mittelalter baute er dann eine feste Burg darauf und als die Zeit der Trutzburgen vorbei war, ließ er sie verfallen. Das heutige „Wahrzeichen-Schloss" entstand auf dem alten Fundament erst am Beginn des 19. Jahrhunderts.

An die 40 Meter hoch ist der Schlossfelsen über dem Donauufer und in der Steilwand sahen wir einen herausgehauenen, aber zur Donau hin offenen Schacht, der oben von Mauerwerk gefasst ist. Wir hatten gelesen, dass er ein Brunnen sein soll, aber das war er ganz sicher nicht, denn er endet unten auf felsigem Grund. Außerdem ist in einer 1875–77 in den *Blättern des*

Der geheimnisvolle Schacht im Schlossfelsen von Schönbühel

Vereines für Landeskunde von Niederösterreich erschienenen umfangreichen Arbeit über Schloss Schönbühel zu lesen, dass im Hochmittelalter eine ausgemauerte Zisterne im Hof der Burg den Bewohnern hinreichend Wasser gab.

Wenn aber schon bei Erbauung dieser festen Burg die Donau ganz dicht an dem Burgfelsen vorbeigeflossen ist, dann hätten die auf ihm wohnenden Leute von oben Eimer hinunterlassen und Wasser schöpfen können. Oder: Es hätten bei Niederwasser Leute unten die Eimer gefüllt. Möglich wäre es auch gewesen, in dem Schacht Menschen an Seilen (so wie es die Mönche an den Meteorafelsen in Griechenland praktiziert haben) hinunter oder hinauf zu befördern, damit sie schneller eine Wacht- oder Mautstation am Donauufer erreichen können.

Wer hat den Schacht ausgehauen? Die Römer sollen auf dem Felsen eine Wachtstation gehabt haben; ihnen wäre diese Heidenarbeit zuzutrauen. Oder waren es doch Menschen aus dem frühen Mittelalter?

Viel Wasser der Donau ist an uns vorbeigeflossen, während wir an dem Ufer standen und über den geheimnisvollen Schacht in der Felswand rätselten. Eine gute Antwort auf die Fragen fanden wir nicht – nur ein steifes Genick vom langen Hinaufschauen.

Einige hundert Meter stromabwärts stehen auf einem Felsen das ehemalige Servitenkloster und die Pfarrkirche von Schönbühel. Vorher stand dort das „Teufelsschloss", die Ruine einer alten Signalstation oder eines Gebäudes aus der Renaissancezeit, in der – wie es aus einem Bericht aus dem Jahre 1632 heißt – „der Teufel sich oft daselbst sehen und hören läßt". Später haben die Serviten diese Teufelsgeschichte korrigiert: Es waren mutwillige Burschen, welche ausgehöhlte Kürbisse mit Kerzen darin aufgestellt und dazu geheult haben um nachts Wanderer und Schiffer zu schrecken. „Halloween" haben nicht die Herrn Amerikaner erfunden, aus Amerika sind nur (erst nach dessen Entdeckung) die Kürbisse zu uns gekommen.

Kirche und Kloster Schönbühel ließ Konrad Balthasar von Starhemberg in den Jahren 1666–74 erbauen. Er war Protestant, ist aber 1639 rechtzeitig „wieder katholisch" geworden. Damit ist er der drohenden Enteignung entgangen, konnte durch den Erwerb von beschlagnahmten protestantischen Gütern profitieren und zeigte dann – wie alle Konvertiten – besonderen Glaubenseifer. In Schönbühel ließ er auch Nachbildungen heiliger Stätten des Heiligen Landes schaffen ... von der Geburtsgrotte von Bethlehem, dem Kalvarienberg und dem Heiligen Grab in Jerusalem. Von weit und breit kamen dann die Leute zu diesem Heiligtum, das für ganz Europa einzigartig ist.

Über in die Tiefe führende Stufen, durch schmale Gänge und hohe Felshallen und an vielen Kapellen vorbei kommt der Besucher zur Geburtsgrotte, wo eine lateinische Inschrift meldet, dass hier von der Jungfrau Maria Christus geboren worden ist ...

„Heute schaut alles ein bisserl unfreundlich aus!", hatte die Frau gesagt, die uns an einem regnerischen Herbsttag in das unterirdische Gewölbe geführt hatte. „Wahrscheinlich können Sie es sich gar nicht vorstellen, wie feierlich es hier zu Weihnachten ist!“

Das konnten wir uns schon vorstellen. Und wir konnten uns auch zurückversetzen in vergangene Zeiten, in denen es noch keine elektrische Beleuchtung gab und die Gläubigen aus der kalten Winternacht kamen und dann in der mit Öllampen und Kerzen erleuchteten Grotte von einer mystischen Verzauberung erfasst wurden und wahrhaftig eine Heilige Nacht erlebten.

Diese Gänge und Grotten im Inneren des Felsens sollen noch aus früherer Zeit von der später zum „Teufelsschloss“ gewordenen Anlage stammen, boten sich aber an „diese heilige Andacht einzurichten“, weil man sonst weit und breit „keine bequemlichere Gelegenheit finden kunte“.

Diese „heilige Andacht“ war aber mehr als ein *theatrum sacrum,* das die Schaulust der damaligen Menschen befriedigen sollte. Graf Starhemberg hatte von der frommen Kaiserwitwe Eleonora den genauen Plan der Geburtsgrotte von Bethlehem bekommen, den ein von ihr ins Heilige Land geschickter Franziskaner mit den Originalmaßen angefertigt hatte.

Damals war man noch uralten magischen Vorstellungen unterworfen und glaubte, dass in der Kopie eines Originals nur dann auch etwas von dessen Kraft wundersam wirksam werden könnte, wenn diese auch die originalen Maße aufweise. Bethlehem in Schönbühel war als Gnaden- und Wallfahrtsstätte konzipiert worden.

Die Grab-Christi-Kapelle ist hinter dem Hochaltar der Kirche. Auch diese wurde dem Original in Jerusalem nachgebildet, doch bei der Kopie in Schönbühel wurde noch ein besonderer Effekt geschaffen. Es wurde an der Außenseite der Kapelle hoch über der Donau ein Söller angelegt, der ein Umschreiten des Heiligen Grabes ermöglicht und gleichsam – aus dem Tod wieder ins Licht und ins Leben – die Wiederauferstehung von Jesus Christus mit einer hinreißenden Schau in das weite Land nachvollziehen lässt.

Kloster Schönbühel hat später viel von seinem Glanz verloren; im Franzosenkrieg wurde es von der *Grande Nation* geplündert, dann kam es in finanzielle Schwierigkeiten. Dennoch ist es bis heute ein wichtiges kulturgeschichtliches Denkmal geblieben, weil sich an ihm zeigt, dass nicht nur Gewalt das Ausbreiten des Protestantismus verhindert hat, dass es auch die Vielfalt der sakralen Darstellungen und Inszenierungen der katholischen Kirche war, welche der Schaulust des Volkes doch mehr entgegenkam.

So ist in der Kirche von Schönbühel eine barocke Figurengruppe der Flucht nach Ägypten zu sehen, welche das Jesuskind in einer Kraxe auf dem Rücken des heiligen Josef zeigt. Ein in einer Buckelkraxe getragener Gottessohn ... so was hat das Gemüt der Menschen doch mehr angesprochen als puritanische Strenge.

Bevor im 17. Jahrhundert Kloster und Kirche Schönbühel gegründet wurden, gehörte der Ort zur Pfarre Gerolding. Gerolding, ein „Ing-Ort“, also eine bayerische Gründung, ist nur fünf Kilometer vom Donauufer entfernt – und doch meint man dort in das heutige Bayern versetzt zu sein. Das Hügelland, die Kirche mit dem Zwiebelturm ... Bayern, Oberbayern!

Der „Schlangenstein" von Gerolding

Der markante Kirchhügel war zuallererst ein Burghügel. Ein anderer Hügel – der Kreuzerkogel südlich von Gerolding – war schon in prähistorischer Zeit ein Siedlungshügel.

„An der Südseite der Kirche ein im Jahre 1973 anlässlich der Kirchenaußenrenovierung ausgegrabener Stein mit eingemeißelten Zeichen (Lebensbaum?). Ein Kultstein, der mit hoher Sicherheit aus der vorchristlichen (keltischen?) Besiedlung stammt" – so steht es in dem in der Kirche aufliegenden Informationsblatt. Der Stein hat schon zu verschiedensten Deutungen angeregt, genau dasselbe Zeichen wie auf ihm ist auch auf einem Fragment vor der Kirche Mauer bei Melk zu sehen.

Vor wenigen Jahren wurde in Gerolding (noch im Ortsbereich an der nach Ursprung führenden Straße) eine seltsame Steinplatte gefunden. Sie ist roh, rechteckig behauen und hat an der Seite ein künstlich ausgearbeitetes, schlangenförmiges Zeichen. Jetzt liegt die Platte über der Steinfassung eines Brunnens, daneben steht ein Pumpbrunnen ... ein Quellwinkel.

Als wir die Platte sahen, dachten wir sofort an eine berühmte Steinplatte in ihrer Nähe – an den so genannten Opferstein vor der Kirche von Maria Taferl. Zu diesem hat schon lange vor Entstehen der Wallfahrt ein Flurumzug am Ostermontag geführt, wobei der Stein dann den Vornehmen als Tisch für ein Mahl diente. Die Bedeutung dieses Steins beweisen die 1715 entstandenen Wandmalereien in der Vorhalle der Kirche, auf denen er dreimal zu sehen ist.

Ein anderer Steintisch mit kultischer Vergangenheit ist der Karlstisch bei Baden – und so wie beim Stein von Gerolding gab es auch bei diesem einst eine Quelle!

Das Besondere an der Steinplatte von Gerolding ist das schlangenförmige Zeichen. Die Schlange als Symbol hatte zu verschiedenen Zeiten und an verschiedenen Orten eine verschiedene Bedeutung – sie wurde mit Gutem wie auch mit Bösem in Beziehung gebracht. Was sie auf dem Stein bedeuten sollte und welche Funktion dieser einst hatte, bleibt eine offene Frage.

Der Schlangenstein in Gerolding und der Schacht in Schönbühel ... zwei Orte haben wir an einem Tag besucht und mit zwei rätselvollen Objekten sind wir dabei konfrontiert worden. Ist doch schön in so einem Land zu leben, wo das noch möglich ist!

Das „Karnitschstüberl-Problem"

An der Hohen Wand ist oberhalb von Stollhof eine auffallende Halbhöhle, die auch schon von weit draußen im ebenen Land gesehen werden kann – das „Karnitschstüberl". Benannt wurde es nach einem früheren Besitzer des darunter liegenden Loderhofes, doch diese riesige Felsapsis ein „Stüberl" zu nennen, ist ein Höhepunkt an Untertreibung.

In der Zeit nach 1900 begann der Wiener Neustädter Spenglermeister Johann Hansel die Felsen unter und ober dem Stüberl auf eigene Kosten zu versichern und 1911 schenkte er die ganze Steiganlage dem Österreichischen Touristenklub. „Mit Herz und Hand fürs Alpenland!“ war damals noch mehr als nur eine Vereinsmeier-Parole.

Der erste Kletterführer für die Hohe Wand wurde im Jahre 1919 von dem damaligen Pfarrer von Grünbach und späteren Domprälat zu St. Stephan in Wien, Dr. Alois Wildenauer, verfasst, ist längst vergriffen und es werden heute bereits Liebhaberpreise dafür bezahlt, weil es eines der originellsten alpinen Führerwerke ist wegen seines milden Kanzelpredigertons, in dem es geschrieben worden ist.

So bietet in seiner Routenbeschreibung des „Wildrosenpfades“ bei der Überwindung des schwierigen Ausstiegsrisses „ein Bäumchen, das sich zwischen den eng zusammentretenden Felsen den Weg zur Sonne und damit zum Leben und zur Freude gebahnt hat“, dem Kletterer seine Hilfe an. Und in Halleluja-Stimmung schildert der Herr Pfarrer das Karnitschstüberl, das „durch einen stattlichen Tisch fast wohnlich eingerichtet ist, sodass man an schönen Sommertagen hier stundenlang verweilen und träumen möchte. Zur Kurzweil findet sich da auch ein ca. 7 Meter tiefer, runder Schacht, ein kleines Naturwunder, in welches auf senkrechter Eisenleiter hinabzuklettern eine unschuldige Freude bereitet.“

Eine „unschuldige Freude“ hatte ich noch beim ersten Hinabklettern in den Schacht. Das war im Jahre 1940. Als 1945 die Russen kamen, schoss ihre Artillerie in das auffallende Karnitschstüberl, und seither ist der Boden des Schachts mit Felsbrocken überdeckt. Vorher war sein Boden eben und glatt gehauen. Das hatte ich noch gesehen.

In den folgenden Jahren sind wir dann recht oft den Hanselsteig gegangen und je öfter wir an dem Schacht vorbeikamen, desto rätselvoller erschien er uns.

Ein Naturwunder ist der mehr als zwei Meter breite Schacht nicht. Er ist von Menschenhänden sorgfältigst ausgemeißelt worden. Und eine Zisterne oder Brunnen – wie oft gesagt wird – ist er auch nicht. Im Karnitschstüberl gibt es weder Tropf- noch Sickerwasser.

Immer mehr begann uns der Schacht zu faszinieren.

In der Literatur fand ich nichts über ihn, keine schriftlichen Erwähnungen, keine Sagen. Alles Herumfragen brachte nur Vermutungen. Signalstation für Feuerzeichen? Es gibt keine Feuerspuren in dem Loch und wie hätte darin ein Feuer brennen sollen?

Depot für Getreide und Saatgut in Kriegszeiten? Ein Versteck an einem so auffallenden Platz wie die große Halbhöhle ist doch höchst fragwürdig.

Nach einem Vortrag vor Heimatforschern aus dem Raum Leobersdorf stellte ich den Schacht vom Karnitschstüberl zur Diskussion. Allen Damen und Herren erschien er ebenfalls rätselhaft.

„Wenn man net weiß, was etwas ist, dann sagt man, es ist kultisch!“, hatte der Prähistoriker und spätere Landeskonservator des Bundesdenkmalamtes für Niederösterreich, Franz Eppel, oft gesagt.

In der in prähistorischer Zeit gegründeten Alpenstadt Susa hatten wir auf dem Opferstein der Kelto-Ligurer einen ähnlichen Schacht gesehen, von dem angenommen wird, dass er ein *Mundus* war – ein symbolischer Eingang

Das „Karnitschstüberl" am Hanselsteig der Hohen Wand (links der rätselhafte Schacht im Boden)

in die Unterwelt, ein Opferschacht für die Erdgötter, aber auch für die Toten zur Aufnahme von Speise- und Trankopfern. Auch an Etruskergräbern hatten wir solche Opferschächte gesehen. Und bei in den letzten Jahrzehnten durchgeführten Ausgrabungen keltischer Opferplätze in Oberbayern wurden etliche Schächte von etwa zwei Meter Breite freigelegt, in denen Abbauprodukte organischer Substanzen wie Blut und Fleisch festgestellt werden konnten und die daher als Opferschächte gelten.

Für einen Kultplatz ist das einer Riesenapsis gleichende Karnitschstüberl ein Idealplatz. Auch heute noch kann sich kaum jemand seiner Faszination entziehen, und umso mehr muss dieses Naturwunder auf die dafür wesentlich empfänglicheren Menschen früherer Zeiten gewirkt haben. Besiedelt war das Gebiet um die Hohe Wand schon seit der Urzeit und auf der Malleiten in den Fischauer Bergen – direkt gegenüber vom Karnitschstüberl – befand sich im 1. Jahrtausend v. Chr. eine bedeutende Höhensiedlung.

Der sauber ausgemeißelte Schacht im „Karnitschstüberl". Auch für die Stufe an seiner Seite gibt es keine Erklärung.

Deren Bewohner hatten die Halbhöhle ständig vor ihren Augen so wie Dorfbewohner späterer Zeiten ihre Kirche.

Im Naturhistorischen Museum Wien ist der berühmte „Depotfund von Stollhof" (u. a. zwei Goldscheiben aus dem frühen 4. Jahrtausend v. Chr.) ausgestellt. Er wurde im Jahre 1864 von einem Hirtenjungen oberhalb von Stollhof und unterhalb vom Karnitschstüberl gefunden. Zu dieser Zeit waren in diesem Gebiet schon „viele Bronzen der verschiedensten Art" – wie es in einem Bericht heißt – gefunden worden, welche dann von den ahnungslosen Findern als Alteisen (!) an Metallfabriken verkauft worden sind.

Depotfunde: Wenn die Händler prähistorischer Zeit mit kostbaren Waren (Schmuck, Waffen) in etwas unsichere Gegenden kamen, haben sie, bevor sie diese erkundeten, ihre Schätze vergraben. Und wenn ihre Befürchtungen zutrafen ... dann blieb das Vergrabene vergraben.

Der „Depotfund von Stollhof" wurde jedoch

in einem Steilgelände gefunden, welches bezweifeln lässt, dass ein Händler so hoch gestiegen ist, um seine Waren zu verstecken. Gibt es doch tiefer unten ebenfalls gute Versteckplätze. Diese Schätze dürften eher einst unter der Halbhöhle hinterlegte Opfergaben sein.

1993 untersuchte der Radiästhet Harald Walther aus Bielefeld den Schacht (er hatte nicht nur in Europa, sondern auch schon in Ägypten und Indien an vielen Kultstätten Erfahrungen erworben).

Sein Ergebnis: Der Schacht hatte eine Kultfunktion, war aber keine Opferstätte.

1995 kam Harald Walther wieder. Auch ihn hatte der ominöse Schacht nicht losgelassen. Diesmal brachte Walter gleich eine ganze Gruppe von Mitgliedern des „Forschungskreises für Radiästhesie" mit. Die Untersuchung ergab zunächst, dass das Zentrum des Schachts ein positiver Platz ist, seine Rückwand hingegen ein absolut negativer. Plus und Minus nebeneinander. Ergebnis:
Vermutlich ist es ein Initiationsplatz oder ein Platz der Schamanen für ihre Meditation oder Trance gewesen.

Initiationsriten (lat. *initium* = „Eintritt", „Anfang") sind Zeremonien bei – um es zeitgemäß auszudrücken – einem Rollenwechsel. Wenn der Knabe zum Mann und das Mädchen zur Frau werden, so gleicht das dem Beginn eines neuen Lebens, und damit waren seit ältesten Zeiten und bei allen Völkern der Erde gewisse Feiern und Zeremonien verbunden. Eine Reihe von Riten – so der Religionswissenschaftler Mircea Eliade – „steht in Beziehung zu den Grotten und Spalten der Berge, Symbolen der Gebärmutter der Mutter Erde. Erwähnen wir nur, dass die Grotten eine Rolle in den prähistorischen Initiationen gespielt haben."

„Neue Welt" wird das flache Land zwischen der Hohen Wand und den Fischauer Bergen genannt, und bei der Annahme, dass das Karnitschstüberl einst eine Kultstätte war, wäre es sozusagen die Kirche der Neuen Welt gewesen. Und sollte der Schacht Initiationsriten gedient haben, dann wäre er das Gleiche gewesen, was für eine christliche Kirche das Taufbecken ist (welches im Frühchristentum eine tiefe Wanne war, in die der Täufling hineinsteigen musste). Zwischen Initiation und der jetzigen christlichen Taufe besteht allerdings ein großer Unterschied: Der Täufling in seinen Windeln tritt nicht bewusst in ein neues Leben ein – die Taufe wird an ihm einfach vollzogen.

Weithin sichtbar und weit offen ist das Karnitschstüberl – und doch ist es mit seinem Schacht so geheimnisvoll wie kein anderer Platz in Wiens Umgebung.

Die Halbhöhle ist – das haben geomantische Untersuchungen ergeben – ein guter Platz. Als der Hohe-Wand-Pfarrer Alois Wildenauer 1919 seinen Führer über die Hohe Wand herausgebracht hatte, ist ins Karnitschstüberl noch kein Mensch mit Wünschelrute und Pendel gekommen. Aber schon damals muss er gespürt haben, dass es ein besonderer Platz sein muss, als er schrieb, dass man „hier stundenlang verweilen und träumen möchte".

Kulmriegel – kein Berg wie jeder andere

Er ist nicht zu übersehen ... der schön geformte Kegel des Kulmriegels (758 m) im Pittental über der Autobahn zwischen Seebenstein und Aspang. Von ihm hatte uns ein alter Pittentaler erzählt: „Da steht a alte Burg oben. Die rutscht alle 1000 Jahr a Stückerl tiefer. Wenn's unten im Pittental is, dann geht die Welt unter!“

Der Kegel des Kulmriegels über der Autobahn Wien-Graz

Ein wilder Ritter soll in der Burg gehaust haben, der so bös' gewesen ist, dass ihm sogar ein Begräbnis in geweihter Erde verweigert wurde. Seine Söhne haben ihn dann in einem goldenen Sarg auf dem Kulmriegel bestattet. Generationen von Schatzgräbern haben später nach diesem Sarg gesucht, obwohl es da oben – wie erzählt wurde – von Geistern nur so gewimmelt haben soll.

Nicht zu übersehen ist die andere Burg auf halber Höhe des Berges, die aber vom Tal gesehen eher wie eine Schneewittchenvilla ausschaut. Sie steht auf einem Felsen und auf diesem soll schon im 9. Jahrhundert ein Wehrturm gewesen sein, der von den Ungarn zerstört wurde. Später haben die Grimmensteiner auf dem Felsen eine neue Burg gebaut und ab 1961 wurde auf deren Resten ein Romantiker-Neubau mit Rittersaal, Söller und Türmen errichtet, der dann einige Zeit Schauburg, Museum und Gaststätte war.

Es war der Baumeister und Heimatforscher Johann Rigler aus Neunkirchen, der diesen Neubau von Burg Grimmenstein durchführte und 1970 auch eine Geschichte der Burg herausbrachte, in der er außerdem einige Geistergeschichten erzählt.

Er hatte damals beim Burgneubau öfter in einem der schon fertigen Räume übernachtet und die Landbewohner fragten ihn oft, ob er dabei keine Angst habe, weil es da oben unheimlich sei.

Rigler hatte weder Angst noch glaubte er an Gespenster – so schrieb er. Doch gleich darauf erzählte er, dass er fast jedes Mal nachts durch ein heftiges Gepolter und Rumoren aus dem Schlaf geweckt wurde ... „Es hörte sich an, als ob oben im Rittersaal schwere Stühle gerückt und umgeworfen worden wären.“

Am 9. Jänner 1965 um 15 Uhr sah Rigler an einem Fenster eine sonderbare Schrift, die vorher nicht da war. Als er kurz darauf in den Rittersaal eintrat, hörte er unter seinen Füßen das Klirren von zerbrechendem Glas. Es lag aber kein Glas auf dem Boden, nur eine große Fliege lag zappelnd auf dem Rücken. Als Rigler wieder zu dem Fenster zurückkam, war die Schrift verschwunden. Aus dem Gedächtnis hatte er eine Abschrift angefertigt, welche dann von ihm und „einigen wissenschaftlich bewanderten Herren" so gelesen wurde: *Jetzo adomini* (Jetzt bin bei Gott). Vom

„wilden Ritter" soll die Inschrift stammen. Rigler: „Merkwürdig ist, dass ich kurz vorher in der Kirche von Grimmenstein für alle verstorbenen ehemaligen Burgbewohner eine Messe lesen ließ."

Die Geschichten des Baumeisters beweisen jedenfalls, wie sehr der markante Bergkegel noch immer die Phantasie in Schwung zu bringen vermag.

Auf der Suche nach Kupferlagerplätzen sind bereits im 2. Jahrtausend v. Chr. Menschen in dieses Gebiet gekommen, und dass sich die Suche gelohnt hat, bezeugen die in den Jahren 1967–1973 in Pitten freigelegten Gräberfelder aus der Zeit um 1500 v. Chr. mit den besonders wertvollen Grabbeigaben.

Sooft wir den Kulmriegel von weitem gesehen haben oder an ihm vorbeigefahren sind, fragten wir uns auch, welche Bedeutung dieser schöne Kegelberg für die Menschen früherer Zeiten gehabt hat. Denn uralt und weltweit ist der Bergkult um besonders markante Höhen, und neben den berühmten heiligen Bergen gibt es auch noch unzählige andere, welche für ein kleineres Umfeld ebenso viel bedeutet haben. War der Kulmriegel auch ein solcher Berg?

Fromme Leute steigen auch heute noch zur „Grotte" auf. Das ist die Kulmriegelhöhle im unteren Teil des Berges – eine große Halbhöhle, die Anfang des 20. Jahrhunderts zu einer Lourdesgrotte gestaltet worden ist. Früher – so erzählte man uns – sind sogar Prozessionen zur Grotte gezogen. Jetzt kommen nur noch vereinzelt Beter und Bitter, legen einige Blumen nieder oder zünden ein Lichtl an.

Höhlen sind die ältesten Kulträume der Erde. Natürlich wurde der Boden der Grotte bereits untersucht. Nach einem Bericht aus dem Jahre 1934 wurden in 20 Zentimeter Tiefe prähistorische Tonscherben gefunden und Franz Hampl (der Ausgräber des Gräberfeldes von Pitten) fand später solche aus der Römerzeit und dem Mittelalter. Diese können von Gefäßen für Opfergaben an eine Gottheit stammen oder auch von Leuten, welche kurze Zeit in der Halbhöhle gehaust haben.

Interessant ist ein natürliches Durchschlupfloch an der linken Höhlenwand deswegen, weil ...

... seine Engstelle künstlich erweitert worden ist
... eine ausgehauene Stufe den Einstieg erleichtert ...
... und weil es stark abgeschliffen ist.

Kinder, die nur so zur Gaudi durch das Loch gekrochen sind, werden wohl kaum diese Bearbeitungen gemacht haben. So spricht viel dafür, dass wir hier vor einem der so genannten Durchkriechsteine aus vergangenen Zeiten stehen.

Diese gehen auf uralte Vorstellungen zurück: Alles Gute kommt aus der Erde, aber auch das Böse (wie Krankheiten). Das Böse wollte man an die Erde wieder zurückgeben, wollte es abstreifen. Felsspalten erschienen dazu besonders geeignet und einige – wie die „Bucklwehluckn" im Mühlviertel oder die „Heidnische Kirche" über Kaprun – sind heute als alte Kultsteine weithin bekannt. „In der Grotte fühlt man sich wie in einer Kirche!", hatte uns eine Frau von dem Bauernhof nahe der Höhle gesagt. Die Höhle mit den bizarren Ausbuchtungen und dunklen Löchern schaut richtig urtümlich und geheimnisvoll aus – und ist so gar keine idyllische Liebfrauengrotte. Aber sie ist – wie sich mit Wünschelrute und Pendel feststellen lässt – „ein guter Platz".

Gleich unterhalb der Höhle verläuft eine der rätselhaften Altstraßen dieses Gebietes. In einem Kodex um 1140 werden solche Straßen als *gigantea via antiskewek* erwähnt. „Entwege" nennen sie schon seit langem die Landbewohner. Es sind horizontale Hangwege, welche an den Bergen zwischen Schwarza- und Pittental in gleich bleibender Höhe (um 580 Meter) entlangführen und – darüber gibt es keinen Zweifel – Transportwege für Erz und Holz waren. Fraglich ist die Zeit der Entstehung ... Römerzeit oder Mittelalter?

In den *Jahresheften des Österreichischen Archäologischen Instituts* hat 1965 Johann Danzer eine umfassende Arbeit über diese Wege veröffentlicht. Wir haben darauf einige der Entwege begangen – und das waren recht eigenartige Wanderungen. Genüssliches Promenieren entlang der Hänge und wüstes Queren von wild verwachsenen Steilabbrüchen dort, wo in den Gräben im Verlauf der Zeiten das Wasser nach Gewittern die Trasse weggeschwemmt hatte.

Nach Begehen vieler Kilometer Entwege bekamen wir erst eine richtige Vorstellung von der gewaltigen Arbeitsleistung, die darin steckt. Eher unruhig war es in diesem Grenzland im Mittelalter – ob in solcher Zeit eine solche Arbeit entstehen konnte? Danzers Annahme, dass die Entwege „römerzeitliche Straßenzüge" gewesen sind, dürfte eher zutreffen.

Die Kulmriegelhöhle neben dem alten Entweg hatte sich als geomantisch starker Platz erwiesen. Jetzt wollten wir Genaueres über den Kulmriegelgipfel wissen.

Auf dem Kulmriegelgipfel sind noch immer Reste einer Burg aus dem 12. Jahrhundert ... Fundamente von Bergfried und Pallas und rundum tiefe Gräben und von hohen Bäumen bewachsene Wälle. Im Jahre 1882 war auf dem Fundament des Bergfrieds eine 16 Meter hohe Aussichtswarte errichtet worden. Ein mit Reisig und Fahnen geschmückter Sonderzug brachte die Festgäste zur Eröffnung der Warte in das Pittental. Leider gab es für sie dann keine Aussicht, weil dichte Wolken den Berg umhüllten.

Das Kernwerk der alten Burg stand auf einem Felsen. Er könnte vorher ein Opferstein oder Fixpunkt eines „Steinernen Kalenders" für Zeitbestimmung gewesen sein. Mit großen Erwartungen erstiegen wir ihn ...

Die Kulmriegelhöhle (jetzt Lourdesgrotte) – ein alter Kultplatz

… und waren dann enttäuscht, weil Rute und Pendel überhaupt keine Reaktion zeigten. Unser „Kultplatzgipfel“ war ein Felsbrocken so wie alle anderen in der Gegend.

Fritzerl gab nicht so schnell auf. Lag der Kultplatz etwas unterhalb des Gipfels? Sie peilte mit der Rute. Die schlug aus in die Richtung, aus der wir gekommen waren.

Wir folgten der Rute.

Dann standen wir wieder vor dem Kraftplatz Kulmriegelhöhle.

Nicht auf dem Gipfel, sondern in der Höhle war der Kultplatz.

Einer der berühmtesten Kultberge der Alpen ist der 2872 m hohe Monte Bego in den französischen Seealpen wegen seiner Felsbilder aus prähistorischer Zeit. Tausende und abertausende Bilder sind bis in eine Höhe von etwa 2600 Meter zu finden, höher oben gibt es keine. Die Gipfelzone war der Gottheit vorbehalten.

So könnte es auch am Kulmriegel gewesen sein. Der weithin sichtbare Kegel war Sitz einer Gottheit, die Höhle unten war der Platz, an dem ihr Bitten und Opfer dargebracht wurden. Aber war es wirklich so?

Seither sind wir schon wieder recht oft am Kulmriegel vorbeigekommen. Wir wissen jetzt ein bisserl mehr von ihm, aber geheimnisvoll erscheint er uns noch immer. Er ist kein Berg wie jeder andere.

Mammutbäume im Dunkelsteinerwald

In einer genauen Beschreibung der „Kunst- und Wunderkammer“ von Stift Göttweig aus dem Jahre 1746 werden u. a. auch dreißig Missgeburten in Spiritus angeführt ... Kinder mit zwei Mündern, drei Augen und zwei Nasen, zwei zusammengewachsene Kinder. Das gab es also auch schon vor der Atombombe und den modernen Arzneien.

Die Patres vom Stift Göttweig waren nicht nur fromme Beter, sie hatten auch Interesse für allerlei Außergewöhnliches. Pater Lambert Karner (1841–1909) hatte in seinem Leben mehr als 300 der geheimnisvollen Erdställe erforscht; Pater Leopold Hacker war 1883 einer der Entdecker von einem der bedeutendsten prähistorischen Fundplätze Österreichs – der Gudenushöhle. Und Pater Adalbert Dungel (1843–1923) hatte 1868 in der Flur „Zu den sieben Gräbern“ im Dunkelsteinerwald einige der römerzeitlichen Hügelgräber geöffnet – und das war eine der ersten wissenschaftlich betriebenen Ausgrabungen in Niederösterreich.

Einer der fünfzehn Mammutbäume im Dunkelsteinerwald. Linke Seite: Die „Teufelsbrücke“ nahe der Straße von Weissenbach/Triesting zur Steinwandklamm. Eines der faszinierendsten Felsgebilde in den niederösterreichischen Voralpen.

Jahrelang war er – bevor er 1886 zum Abt gewählt wurde – der „Pater Waldmeister“ von Stift Göttweig. Und als der vielseitig Interessierte von den 1852 in Amerika entdeckten sagenhaft hohen Mammutbäumen gehört hatte, gelang es ihm dann auch, Samen von solchen Baummonstern zu erwerben. Diese setzte er voll Gottvertrauen 1880 an einer etwas sumpfigen Stelle des Dunkelsteinerwaldes in den Boden ... und die Saat ging auf. Ein bereits im Jahre 1909 unter den (damals noch nicht wirklich gigantischen) Mammutbäumen aufgestellter Gedenkstein sollte „in dankbarer Huldigung“ an diese Tat des Waldmeisters Dungel erinnern, der damit eine Dependance der „Kunst- und Wunderkammer“ des Stiftes im Freien geschaffen hatte.

Wunder, Naturwunder, sind diese Bäume wahrhaftig!

Der botanische Name für diese urtümliche (vor über 150 Millionen Jahren entstandene) Baumart lautet *Sequoia*, und ihr Namensgeber war der berühmte Verfasser bahnbrechender Werke über systematische Botanik und Direktor des Botanischen Gartens in Wien, Stephan Endlicher (1804–1849). Nach Entdeckung der Riesenbäume hätten die Engländer diese gerne nach ihrem Nationalhelden *Wellingtonia gigantea* benannt und die Amerikaner nach ihrem ersten Präsidenten *Washingtonia gigantea* – doch später hat man sich international dafür entschieden, dass der korrekte Name doch *Sequoia gigantea* lauten muss. Endlicher hatte diese Sumpfzypressengewächse wahrscheinlich nach dem berühmten Cherokee-Indianer Sequoyah benannt, der um 1820 eine indianische Silbenschrift erfunden hatte. („Sequoyah“ bedeutet in der Sprache der Cherokee übrigens so viel wie „Schweinefuß“.)

Der Entdeckung der Riesenbäume ging die Entdeckung der Goldadern Kaliforniens voraus. Das war im Jahre 1848. Vier Jahre später – im April 1852 – entdeckte ein Jäger, der eines der Goldgräberlager mit Fleisch versorgte, beim Verfolgen eines angeschossenen Grizzlybären diese bis zu über hundert Meter hohen Baumriesen. Als er im Lager davon erzählte, hielt man ihn für betrunken.

Der 1849 verstorbene Stephan Endlicher hat es also nicht mehr erfahren, dass seine Sumpfzypressen solche „Auswüchse“ haben können und dass er den größten Bäumen dieser Welt den Namen gegeben hat. Damals sprach man den Bäumen ein biblisches Alter von 3–4000 Jahren zu – heute glaubt man, dass sie nur halb so alt sind. Und man unterscheidet zwei Arten: *Big tree* = *Sequoia gigantea* und *Redwood* = *Sequoia sempervirens.*

Natürlich wollte man nach der Entdeckung dieser Mammutbäume einen davon in San Francisco und New York zur Schau stellen. Doch schon das Fällen des vorgesehenen Baumes (Umfang fast 30 Meter, Gewicht über 2000 Tonnen) gelang nicht. Zweiundzwanzig Tage lang bohrten fünf Männer mit riesigen Bohrern Löcher in den Stamm und trieben nachher Keile ein. Der Baum blieb stehen. Erst ein heftiger Sturm warf ihn zu Boden – und dabei zerbrach er in riesige Stücke die sich tief in den Boden gruben. Das war 1853; ein Jahr später benützten einmal 49 Personen den geglätteten Stumpf als Tanzplatz.

Einzelne Mammutbäume stehen in Österreich an einigen Orten, die Mammutbaumgruppe im Dunkelsteinerwald ist hingegen einmalig. Fünfzehn Stämme haben sich erhalten, einige sind schon bis zu der beachtlichen Höhe von dreißig Metern gewachsen. Inmitten der dunklen Nadelhölzer des Dunkelsteinerwaldes wirken diese Bäume mit der weichen warmrötlichen Rinde und den fast giftgrünen Kronen besonders stark als Relikte aus einer anderen Zeit und als Fremdkörper aus einer anderen Welt. Ein Walderlebnis besonderer Art.

Einer der Reisebüro-Weltreisenden unserer Zeit sah das anders ...

„Gegen die wirklichen Mammutbäume in Amerika sind das ja doch nur Zahnstocher!“

Reisen bildet?

Es kann auch verbilden, wenn man auf dieser Erde nur das Größte und Schönste sucht.

Drei kuriose Steine im Voralpenland

Der **„Steinnursch“** war entweder ein Grab oder ein Kultstein.

Er ist ein Granitblock am Rande der Straße Steinakirchen am Forst–Blindenmarkt mit einem ausgemeißelten Trog (Länge 70 cm, Breite 40 cm, Tiefe 25 cm). Und weil es in dieser Gegend kein Granitvorkommen gibt, muss der Block (Länge rund 220 cm und Breite rund 150 cm) von Menschen dorthin gebracht worden sein. Ein „Nursch“ ist ein Trog (Schweine fressen aus einem Nursch). Der Steinnursch trägt seinen Namen schon lange: Groß- und Kleinnursch sind die alten Hofnamen für die Höfe Zehethof Nr. 5 und Nr. 4 in seiner Nähe. Und dort, wo heute (gegenüber vom Steinnursch) die kleine Zehethofkapelle steht, soll einst eine Kirche gewesen sein. Der Steinnursch war der Taufstein der Kirche – so wird's erzählt.

Der „Steinnursch“ …
ein Rätsel in einer idyllischen Landschaft

Darum trocknet das Wasser im Nursch auch in trockenen Sommern nicht aus (sogar im Hitzesommer 2003 war das nicht der Fall). Noch viel mehr wird erzählt. Der Stein lässt sich weder heben noch verrücken. Einmal sollen Leute mit vier Paar Ochsen versucht haben ihn wegzuschleppen, was ihnen aber nicht gelungen ist. Alle, welche den Stein bewegen wollten, soll später ein Unglück getroffen haben. Viele geisterhafte Erscheinungen wurden bei dem Stein gesehen und in dem Wald in seiner Nähe soll der Teufel in der Nacht wie wild Holz für sein Höllenfeuer gehackt haben …

Verhältnismäßig spät wurde der Steinnursch von der Wissenschaft entdeckt. 1947/48 war der römische Begräbnisplatz an der Felswand bei Ruprechtshofen erforscht worden, an dem auch etliche Vertiefungen wie die am Steinnursch zu sehen sind, die für die Asche von Toten bestimmt waren. Der Heimatforscher Stefan Denk hatte dann 1950 im Steinnursch ebenfalls einen solchen Bestattungsstein erkannt.

Es gibt aber auch die Meinung, dass der Stein ein Opferstein gewesen sei. Die Rillen an einer Seite des Steins (Blutrillen?) haben zu dieser Deutung geführt.

Jedenfalls ist der Stein – nach radiästhetischen Mutungen – stark negativ. Doch negativ sind Bestattungsplätze wie auch alle Kultplätze, an denen einst Tieropfer dargebracht wurden, und so lassen sich keine Schlüsse über die Funktion des Steins ziehen. Aber seit er da in der Wiese liegt, hat er die Phantasie der Bewohner bewegt und geheimnisvoll wirkt er auch noch auf die Besucher unserer Zeit.

Heute steht ein Bankerl vor dem Stein in der Wiese und es gibt auch ein „Steinnurschbuch", in dem sich die Besucher verewigen können. Was uns auffiel: Besonders viele Eintragungen stammen von Ausländern. Aber auch ein kerniger Georg hat sich eingeschrieben ...

Auch der Schursch war beim Nursch!

Die

Heilkraft der Natur,

oder:

Der Glaube macht selig.

Bearbeitet von

Johann B. Stöckl,

Wundarzt zu Reinsberg.

Wien 1857.

Verlag von A. Dorfmeister.

Titelblatt des 1857 in Wien erschienenen Buches

„Stöckls Denkmahl" ist eine wuchtige Steinsäule, die von einem Eisenpfeil durchbohrt ist und die Inschrift trägt „Der Mensch".

Dieses kauzige Grabdenkmal steht neben dem Bauernhof Egg bei Reinsberg und erinnert an den Wundarzt Johann Stöckl (1816–1870), der heute noch allgemein bekannt ist als der „narrische Bader von Reinsberg".

Er war ein viel aufgesuchter Arzt, ein Anhänger der Naturheilmethode und Verfasser einer Schrift mit dem Titel *Die Heilkraft der Natur.* In Reinsberg betrieb er auch eine Apotheke und auf seiner Geschäftskarte stand der Spruch: „Nimm lieber wenig als zu viel, Vertrauen führt dich zum gewünschten Ziel."

Vom Bader Stöckl werden viele „Stückl" erzählt, die er aufgeführt haben soll. Seine Krankenbesuche machte er nur hoch zu Ross und weil er zu faul war, vor Zauntüren abzusteigen um sie zu öffnen, soll er mit dem Pferd darüber gesprungen sein. Gleichzeitig wird auch erzählt, dass er „gesoffen hat wie ein Loch". Und saugrob war er zu allen Leuten. Aber er hat sie wieder gesund gemacht und darum sind sie zu ihm gekommen.

In seinem Buch hatte er geschrieben: „Anfangs stand ich ohne Erfahrung, ganz den Schultheorien überlassen, am Rande des Krankenbettes. Ich glaubte, die Natur müsse meinen theoretischen Winken gehorchen, sie aber gehorchte nicht: die Krankheit ging entweder ihren gewöhnlichen Gang, oder verschlimmerte sich durch jedes genommene Medicament. Je mehr ich aber der Natur freien Spielraum ließ, desto leichter curirte ich, und da sah ich, daß das ganze

„Stöckls Denkmahl" – so hatte der „narrische Bader von Reinsberg" sein Grabdenkmal genannt.

Wissen endlich auf einer Wahrnehmung des Ichs, d. h. auf Erfahrung beruhet; so wurde nun meine neue Theorie gegründet, die aus dieser Wahrnehmung oder praktischen Erfahrung hervorgeht, und zwar: der Natur ihre Heilkräfte nicht abzusprechen, sondern ihrer großen Kunst zu huldigen und ihren Bemühungen den freiesten Spielraum zu lassen; denn sie schafft überall im Stillen und läßt sich nicht dabei belauschen, und erst, wenn das Werk vollendet ist, läßt sie es anschauen."

Stöckl besaß in Reinsberg ein Haus und hoch oben am Berg den Bauernhof Egg (oder Eck). Und weil er nicht unter den „Bauernochsen" im Friedhof begraben sein wollte, ließ er neben dem Bauernhof eine Gruft errichten mit dem von ihm entworfenen Stein „Stöckls Denkmahl", wie es auf einer Inschrift unter der von einem Eisenpfeil durchbohrten Steinsäule zu lesen ist.

Abgehoben vom Rest der Welt fühlt man sich da oben bei dem Bauernhof. Als wir vor etwa zwanzig Jahren bei der Stöckl-Gruft waren,

grasten friedlich die Kühe des Eggbauern daneben. Justament der Stöckl, der nicht unter den „Bauernochsen“ begraben sein wollte, war nun wirklich inmitten von Rindviechern begraben!
Jetzt ist der Bauernhof aufgelassen und zu einem Wohnsitz von Genesenden umgewandelt. Der Hügel mit der Stöckl-Gruft ist wild verwachsen. Keine Rindviecher weit und breit. Jetzt hat der narrische Bader von Reinsberg wirklich seine Ewige Ruhe.

Der **„Rainstein“** ist ein zwei Meter hoher Grenzstein aus dem Jahre 1713, von dem einst in der Sonnwendnacht Steinpulver abgeschabt wurde.
Der dreiseitige Stein markierte den Punkt, an dem einst die Grenzen der Landgerichte Gaming, Plankenstein und Weißenstein zusammenkamen – das ist ein Sattel oberhalb des alten Bauerngehöftes Ramsau bei St. Anton an der Jeßnitz, ein markanter Punkt, wo an den alten Bäumen heute die Markierungen etlicher Wander- und Weitwanderwege prangen.
Im neuen vom Bundesdenkmalamt herausgegebenen *Dehio-Niederösterreich* (Ausgabe 2003) ist über den Stein zu lesen: „3-seitiger abgewitterter Grenzpfeiler mit Gaminger Wappenrelief 1713.“ Aber das stimmt nicht! Der Stein ist nicht abgewittert, von dem Stein haben die Bäuerinnen lange Zeit in Vollmondnächten Steinpulver abgeschabt und es dann ihrem Vieh unters Futter gemischt. Geheime Kräfte sollte dieses Steinpulver haben und kranke Tiere heilen und gesunde noch kräftiger machen.
Der Platz, an dem der Rainstein steht, muss schon vorher als ein besonderer Platz gegolten haben ... die Wilde Jagd wurde dort gesehen und die Hexen haben sich auf ihm versammelt. Und das Abschaben von Steinpulver geht auf die uralte Vorstellung zurück, dass in gewissen Steinen auch eine starke Heilkraft steckt. Von vielen Steinen wurde eine solche Wunderkraft erhofft ... von Kultsteinen aus prähistorischer Zeit, von römischen und mittelalterlichen Grabsteinen, von alten Quadern an Kirchenmauern wie auch von Kirchenportalen (dazu gibt es sogar Gerichtsakten aus dem 16. und 17. Jahrhundert über die Bestrafung von Leuten, welche diese „hochsträfliche Abgötterei und schandtlichen Mißbrauch“ betrieben haben).
Keine „hochsträfliche Abgötterei“ sahen die Patres vom Wallfahrtsort Sonntagberg im Abschaben von heilsamem Steinpulver von ihrem Zeichen- und Wunderstein, welches sie dann ganz offiziell an die Pilger verkauften. Der nahe Sonntagberg dürfte auch die Leute aus der Umgebung von St. Anton angeregt haben, Steinpulver vom Rainstein abzuschaben.
Den Brauch gab es noch bis in das 20. Jahrhundert hinein. So wurde im Jahre 1927 dann sogar auf Anordnung des Bürgermeisters von St. Anton ein richtiger Schutzkäfig um den Stein angebracht, um zu verhindern, dass er zuletzt ganz und gar „weggeschabt“ werden könnte.
Jetzt ist das Eisengitter weg, jetzt steht der Rainstein unter einem schützenden Holzdach. Seinerzeit, als die Leute noch das Steinpulver von ihm holten, wurde bei ihm auch viel gestritten. Denn: Doppelt wirksam sollte das Pulver sein, wenn beim Abschaben kein zweiter Mensch

dabei war. Jeder wollte allein sein – das war dann in den Vollmondnächten das Problem ...
Der Rainstein – auch ein Denkmal des Volksglaubens.

Das Geheimnis der „Teufelskanzel"

Die „Teufelskanzel" ist ein 60 Meter hoher Felsturm östlich der Bundesstraße 214 zwischen Freiland und Hohenberg (hoch über dem Kandlhof) im Traisental.
Der Teufel soll auf ihm gepredigt haben – aber das wird von vielen Felsen erzählt. Ein goldener Wagen soll auf ihm stehen – das wurde so lange erzählt, als der Turm noch nicht erstiegen war und als unersteigbar galt. Als riesiges steinernes Schwammerl zeigt er sich von unten an der Straße, geht man an seinem Fuß um ihn herum, so sieht man oben nur Überhänge.
In der Zeit um 1920 ist der Turm dann doch erstiegen worden. Wer die ersten Ersteiger waren, ist nicht bekannt; ihr Anstieg ist eine der originellsten Kletterrouten, die es überhaupt gibt. Heute führen viele Anstiege auf den Turm – extreme Klettereien in den höchsten Schwierigkeitsgraden. Überall stecken Mauerhaken im Fels, baumeln Seilschlingen in der Luft. Der für die Erstersteigung gefundene Anstieg ist jedoch verhältnismäßig leicht, dritter Schwierigkeitsgrad. Den kann ein geübter Kletterer ohne weiteres derpacken. Aber wo führt dieser Anstieg über die Überhänge?
Das ist das Geheimnis der Teufelskanzel: Im Bauch des Felsturms führt eine unter den Überhängen beginnende Höhle über diese hinaus! Der Einstieg in die Höhle ist ein etwa zwanzig Meter über dem Wandfuß liegendes und von unten kaum zu erkennendes kleines Loch. Über eine gutgriffige Wand ist es zu erreichen und dann wird's lustig! Man muss mit ausgestreckten Händen in das Loch greifen, drinnen schnappen Griffe um den ganzen Körper in das Loch hineinzuziehen und ... das ist immer von unten ge-

Die „Teufelskanzel" – imponierend wie ein Dolomiten-Felsturm

sehen ein komischer Anblick, wenn vom Körper des Kletterers bald nur noch die zappelnden Haxen sichtbar sind und zuletzt auch diese in dem Loch verschwinden und der ganze Mensch von dem Teufelsfelsen verschluckt ist.

Im Inneren des Felsturmes kriecht dann der Mensch wie ein Wurm etwa vierzig Meter weit zum Ausgang des Höhlenschlufs, der bereits oberhalb der überhängenden Felsen ist. Dort gibt es dann noch einen sehr ausgesetzten, aber gutgriffigen Quergang und nachher ist es nur noch eine leichte Kletterei hinauf zum Gipfel.

Originell ist auch dieser Gipfel der Teufelskanzel – er ist so groß, dass man darauf Tennis spielen könnte. Aber: Sträucher, Gras und Blumen wachsen auf dem Plateau. Es gibt Bergsteiger, die von jedem Felsgipfel einen Stein mit nach Hause nehmen; Frauen pflücken da oben lieber ein Gipfelblumensträußerl.

Lange Zeit wurde die Teufelskanzel nur von den Kletterern aus dem Raum St. Pölten aufgesucht. Später wurde sie dann mehr bekannt als ein wilder Felsturm, der irgendwo bei Lilienfeld steht, äußerst schwierig zu erklettern ist und nur einen leichten „Geheimweg" hat, der aber nicht zu finden sein soll. Von einem St. Pöltner hat mein alpiner Lehrmeister Hans Schwanda eine Beschreibung des „Geheimweges" bekommen und wir waren dann hellauf begeistert von diesem.

„Es gibt keinen Kletterweg, der nicht zu finden ist!", hat später einer meiner Bergfreunde gesagt. Ich habe mit ihm um eine Flasche Wein gewettet, dass er den auf die Teufelskanzel nicht findet.

Die Wette habe ich gewonnen. Viele Freunde wollten diesen Turm ebenfalls ersteigen und mit allen habe ich gewettet und alle Wetten gewonnen. So wurde die Teufelskanzel für mich zum „Weinstein".

Wir haben den Turm auch mit unseren Kindern erklettert, was beweist, dass der „Höhlenweg" tatsächlich kinderleicht ist. Und dann haben wir auch die von uns gegründete „Familienbergsteigergruppe im Österreichischen Gebirgsverein" (Eltern klettern mit ihren Kindern) zum „Weinstein" geführt ...

Viele Väter, viele Wetten ... „Das wär' doch gelacht, dass wir den Einstieg nicht finden!", haben sie gesagt.

Fritzerl und ich setzten uns auf ein Sonnenplatzl. Eine halbe Stunde – so war es ausgemacht – hatten die Väter Zeit für die Suche des richtigen Einstiegs. Doch schon nach zehn Minuten kam einer und sagte, dass der Einstieg gefunden sei. Tatsächlich! Genau vor dem Wandl unterm Loch stand der ganze Verein und schaute uns grinsend entgegen ...

Da stand aber auch unser Sohn Martin mit einer Tafel Schokolade in der Hand. Wir hatten an diesem Tag keine Schokolade mitgenommen. Dieser Verräter in der Familie hatte das Geheimnis der Teufelskanzel verraten.

Heute gibt es einen Teufelskanzel-Spezialführer und auch in einigen Kletterführern ist der „Höhlenweg" genau beschrieben. Die Teufelskanzel hat ihr Geheimnis verloren. Würde sie in den Dolomiten stehen, wäre sie ein berühmter Torre; sie steht aber nur in den Niederöster-

reichischen Voralpen und so ist es noch immer still um sie.
Von der Straße aus ist der Schwammerlturm wohl auch zu sehen, doch wer hinaufsteigt zu ihm, sieht noch viel mehr. Er sieht mit eigenen Augen einen äußerst schwierig zu bezwingenden Felsen, von dem es ausgeschlossen erscheint, dass er ein Hintertürl hat, durch das sich alle Schwierigkeiten umgehen lassen. Die Teufelskanzel hat eines; sie ist gleichsam ein Monument für alle Hintertürln auf dieser Welt.

„Teufelsbrücke" und „Götzensteine"

Im Juni 1884 wurde die Steinwandklamm eröffnet. Leicht erreichbar mit der 1877 eröffneten Südwestbahn (Leobersdorf–St.Pölten) strömten bald an schönen Sonntagen die Menschenmassen in sie hinein wie in den Wiener Prater.
Das wurde zum Problem für den Besitzer des Gasthauses Kohl am Klammeingang – zu viele hungrige und durstige Gäste! So machte er der Touristenclubsektion Triestingtal, die die Klamm betreute, einen wunderlichen Vorschlag zur Lösung des Problems: Per „Aufruf" sollten die Besucher auf alle Wochentage verteilt und die Klamm täglich nur für eine bestimmte Anzahl von Personen „freigegeben" werden ...
Links und rechts von der Straße Weißenbach-Steinwandklamm stehen zwei Naturdenkmäler, die in ihrer Art ebenso faszinierend sind wie die berühmte Klamm. Doch diese umgibt Stille und Einsamkeit.
Die „Teufelsbrücke" (östlich der Straße) ist ein zerbrechlich dünn wirkender natürlicher Felsbogen etwa 30 Meter hoch über einer von steilen Wänden gebildeten Kluft. Junge Teufelchen sollen die Brücke beim Spielen gebastelt haben und auch von in dem wildromantischen Winkel hausenden Wildfrauen wird erzählt.
Imposante, bizarre Naturdenkmäler wurden in vorchristlicher Zeit sehr oft zu Stätten der Verehrung. In christlicher Zeit hat man sie dann entweder „verhimmelt" (mit heiligen Personen in Beziehung gestellt) oder verteufelt. Die Teufelskinder und Wildfrauen von der Teufelsbrücke ließen diese schon lange „kultplatzverdächtig" erscheinen.
Es gibt aber auch Konkretes: Unter der Brücke gefundene Scherben aus der Bronzezeit bezeugen, dass Menschen schon in vorchristlicher Zeit dort gewesen sind. Und eine Halbhöhle am Fuß des Felsens ist ein geomantisch „starker Platz".
Der erste Mensch, der über die schmale Teufelsbrücke gegangen ist, war der Wiener Bergsteiger Hans Schwanda.
Bei einer Wanderung durch den Steinwandgraben hatte er oben im Wald das oberste Spitzel des Felsens gesehen – und groß war seine Überraschung als er dann unter diesem Naturwunder stand. Schon am nächsten Sonntag (im Oktober 1947) war er mit einem Kletterpartner gekommen. Eine Woche später balancierte auch ich über den schmalen Felsbogen und erlebte dabei etwas ganz Neues ...
Natürlich ist jeder Felskletterer schwindelfrei und in diesem Jahr 1947 war ich viel im damals höchsten Schwierigkeitsgrad – dem

VI. Grad – geklettert ... senkrecht bis überhängend. Aber im Herbst auf der Teufelsbrücke hatte ich ein mulmiges Gefühl. Links Abgrund, rechts Abgrund – und nichts zum Anhalten!
Wie ein Seiltänzer kam ich mir vor. Die brauchen nichts zum Anhalten. Kletterer brauchen was zum Anhalten, auch wenn es nur was für die Fingernägel ist. Die Tiefe zerrte an meinen Beinen ...
„Wie geht's?", fragte einer der Freunde.
„Herrlich geht's!" – Aber am liebsten wäre ich auf allen Vieren über die Brücke gekrochen. Doch ... aufrecht geht der Mann!
„So geht's viel besser!", haben die Spezln gesagt, nachdem sie auf allen Vieren über die Brücke gekrochen waren. „Warum hast du das nicht auch so gemacht?"
Das habe ich mich dann auch gefragt.
Hans Schwanda hat auch die „Götzensteine" auf der anderen Seite des Steinwandgrabens als Kletterfelsen entdeckt.
Lange vor ihm war aber schon Christus bei

Einer der drei „Götzensteine" gegenüber der „Teufelsbrücke".

den drei Felstürmen und hat dort gepredigt. Er hat seine Fingerabdrücke am großen Turm hinterlassen, sein Esel hat sich mit seinen Hufabdrücken verewigt. Mit solchen Geschichten sind die „Götzensteine" später „verhimmelt" worden. „Gozzasäulen" wurden die Türme auch genannt. In einer Höhle unter ihnen soll an gewissen Tagen ein Läuten wie in einer Kirche zu hören sein und zu Weihnachten sollen sie von einem himmlischen Licht beleuchtet werden. Wahrscheinlich haben sich die Menschen bei den phallusähnlichen Türmen nicht nur zu kultischen Handlungen versammelt, sondern diese auch als Fixpunkte für die Beobachtung von Himmelskörpern, als „Steinerne Kalender" benützt.
Teufelsbrücke und Götzensteine sind in Luftlinie nur etwa 400 Meter voneinander entfernt, bestimmt standen sie einst in einer Beziehung zueinander. Wie Funde beweisen, war dieses Gebiet bereits in vorchristlicher Zeit besiedelt, es ist aber anzunehmen, dass alle die

alten Naturheiligtümer in den Hinterwinkeln auch noch lange in christlicher Zeit aufgesucht worden sind.

Noch eine Geschichte wird von den Götzensteinen erzählt. Ein Bauernbub soll auf einen der Türme geklettert sein, dann aber voll Angst nicht mehr den Abstieg gewagt haben. Seine Mutter und alle Nachbarn standen unter dem Turm und gaben gute Ratschläge. Vergebens. Da begannen sie laut zu beten und siehe – der Bub konnte flink wie ein Wiesel vom Turm wieder herunterklettern.

Auch Hans Schwanda, der Wiederentdecker dieser Kletterfelsen, ist einmal mit seinem Partner – einem bekannten Wiener Psychologen – Gefangener von einem der drei Götzensteine geworden. „Das Herrliche dieses Gipfels ist seine Weltabgeschiedenheit! Hier hört dich kein Mensch! Hier sieht dich kein Mensch!“, hatte Schwanda hoch oben auf dem Gipfel geschwärmt. Dann suchte er einen Felszacken fürs Abseilen.

Abseilen – kein Problem für erfahrene Bergsteiger. Jeder weiß, was er zu tun hat. Die Mitte vom Kletterseil suchen. Ein Seilende in die Tiefe werfen. Als Schwanda sein Seilende in die Tiefe warf, sah er zu seinem Entsetzen, dass sein Bergkamerad im gleichen Augenblick auch das andere Seilende in die Luft hinaus warf ...

Futsch! Weg war das Seil! Ohne Seil kein Abseilen. Freies Abklettern konnte Schwanda seinem Partner nicht zumuten. Also riefen sie laut nach ihren Frauen. Diese pflückten Blümchen irgendwo in der Landschaft. Es dauerte, bis sie die Rufe hörten. Dann begann eine Aktion, wie sie ein Münchhausen nicht skurriler erfinden hätte können.

Die „Gefangenen der Götzensteine“ hatten aus ihren Anoraks, Kletterhosen, Hemden, Strümpfen und Schuhbändern ein Gebilde zusammengeknüpft, das sie zu den Frauen hinunterließen. Diese knüpften das Seil daran, das die beiden hochzogen und an dem sie sich dann – nur noch in Unterhosen! – abseilten.

Diese Geschichte sprach sich unter den Bergsteigern schnell herum und nicht nur in Wien, sondern auch in Düsseldorf und Hamburg lachte man darüber. In der in München erscheinenden Zeitschrift *Der Bergkamerad* erschien dann noch jahrelang das Götzensteinabenteuer gezeichnet als Schmuckvignette vor dem Inseratenteil.

Es muss nicht unbedingt eine Eiger-Nordwand sein, auch auf kleinen Felsen gibt's oft Unglaubliches zu erleben.

Rax: Der „Sensenhieb des Todes"

„Alles in dem düsteren Kessel, die an 1000 Meter hohen Wände, der unheimliche Waldgrund, der jeden Tropfen Wasser spurlos verschlingt, und die Todesstille rechtfertigen den unheimlichen Namen." (Fritz Benesch über das Große Höllental in seinem 1894 erstmals erschienenen Raxführer).

Das Große Höllental ist ein Seitental vom zwischen Schneeberg und Rax gelegenen Höllental. Von der Höllentalstraße bringt ein Fußweg in den „düsteren Kessel", an dessen linkem Rand die steile Blechmauer emporragt. Durch diese Wand führt eine der berühmtesten (und auch berüchtigsten) Raxklettereien – der Blechmauernriss.

Unübersehbar ist der im oberen Teil der Blechmauer von rechts nach links emporziehende Einschnitt. Mächtige Überhänge überdecken ihn und mit seinem gelbroten Fels und den dunklen Höhlungen dazwischen schaut er etwas unheimlich aus. In vergangener Zeit, in der die Bergsteiger noch pathetische Töne liebten, sah einer in ihm sogar einen „Sensenhieb des Todes".

Es zog voll Mut und Jugendkraft
zu frohem kühnen Wagen
So mancher aus beim Morgenrot –
als es begann zu tagen.
Doch als es wieder zu tagen begann
und wieder kehrte der Morgen,
Da lag er tot im öden Kar –
befreit von Erdensorgen.

Dieses Gedicht steht auf der Gedenktafel am Einstieg vom Blechmauernriss. Im September 1920 hatte ihn der junge Kletterer Erwin Radwein im Alleingang bezwungen. Eine Woche später wollte er die Route in Begleitung seines Bergkameraden Hanns Meurer markieren. „Wir wünschen allen unseren Nachfolgern, dass sie viel Freude und Bergglück auf diesem Weg finden mögen!", hatte Radwein noch in das vor der „Hangelstelle" hinterlegte Steigbuch geschrieben. Dann ist es passiert! Am Fuß der Wand wurden die Leichen der beiden Kletterer gefunden ...

Die „Hangelstelle" ist die schwerste Stelle – die Schlüsselstelle – heute noch mit dem V. Grad der Alpinen Schwierigkeitsskala bewertet (noch vor vierzig Jahren galt der VI. Grad als das Schwierigste im Fels!). Als der Alleingeher Radwein bei der Erstbegehung in die Steilwand querte, wusste er nicht, ob dies auch machbar ist – es war ein Gang ins Ungewisse.

Bevor die „Hangelstelle" durch Sicherungshaken etwas entschärft wurde, war es auch eine gefährliche Kletterstelle. Denn die kleine Nische nach ihr war kein guter Sicherungsplatz für den Seilersten zum Nachholen seines Partners. Stürzte dieser, dann flog er in hohem Bogen aus der Wand und ein solcher Sturz konnte in der Nische nur mit den Händen kaum gehalten werden.

Der tragische Todessturz gleich nach der Erstbegehung und die Todesstürze in den folgenden Jahren und die vielen oft dramatischen Rettungsaktionen hätten die Kletterer eigentlich vom Blechmauernriss abschrecken müssen. Doch schon damals geschah an der Rax das Unbegreifliche – das alles trug nur dazu bei,

Der Blechmauernriss: Das ist der dunkle Felsspalt im oberen Teil der mehr als 300 m hohen Blechmauer.

gab, hatte er nichts von seinem Nimbus verloren. Wenn eine Seilschaft im Riss die Hangelstelle erreicht hatte, dann hatte sie unten auch immer viele Zuschauer, die gespannt zu ihr hinaufschauten ...

Wie ist diese Hangelstelle?

Im Raxführer von Fritz Benesch (8. Auflage, 1925) wird sie so beschrieben: „Es folgt eine steile, glatte Platte, die sich immer steiler erhebt. Die linke Körperhälfte ist schon aus der Wand herausgedrängt. Man spreizt den rechten Fuß so hoch als möglich, nimmt langsam eine glatte, kaum 8 cm breite Kante und schiebt den Körper spreizend nach links auf ein Köpferl, greift mit der rechten Hand nach, und so geht es halb spreizend halb hangelnd etwa 2 1/2 Meter entlang, worauf man sich aufspreizend wieder in den Riss schwingt."

Die bereits in den Jahren 1830-32 erbaute „Kunststraße" durch das Höllental zwischen Schneeberg und Rax wurde bald nach ihrer Eröffnung als schönste Straße Niederösterreichs bejubelt. Die Postkarte aus dem Jahre 1898 zeigt sie noch in ihrem Urzustand.

den Nimbus um diese Kletterei zu verstärken. Und so wie später an der Eiger-Nordwand und heute am Mount Everest wurde das große Risiko zur großen Verlockung, wurde der Blechmauernriss zum Traumziel für die Kletterer.

Damals war der düstere Riss die schwierigste Raxkletterei, aber auch viel später, als es neue und noch schwierigere Kletterrouten

Eine jeden Rest von Klarheit beseitigende Beschreibung.

„Lies mir die Beschreibung noch einmal

vor!", bat einmal ein junger Kletterer am Ende der steilen glatten Platte seinen Partner.
Der begann laut und deutlich zu lesen ... „Man spreizt den rechten Fuß ..."
Der Kletterer lag auf dem Bauch genau dort, wo die Platte endet und sich ein jäher Tiefblick auf die zweihundert Meter tiefer aufragenden Baumwipfel des Höllentals auftut. „Geh, bitte, lies noch einmal!", bat er leise den Spezl.
Geduldig begann dieser wieder laut zu lesen ... „Hast jetzt alles verstanden?", fragte er nachher.
„Eigentlich noch immer net!", sagte der Kletterer über dem Abgrund. Nachher große Stille, lange Stille. Und dann: „Sei mir net bös! Jetzt ist's mir zu blöd, jetzt kräul i einfach so da umi!"
Das tat er dann auch.
Genau gezählte fünfundzwanzig Mal habe ich den Blechmauernriss durchstiegen und jedes Mal habe ich die Hangelstelle etwas anders gemacht. Für sie gibt es keine exakte Gebrauchsanweisung. Wer sich einmal in die Steilwand hinausgeschwungen hat, darf die Griffe nicht „langsam nehmen" (wie es in der Beschreibung heißt), sondern muss zügig dahinklettern, wobei Hände und Beine ganz allein die richtigen Haltepunkte finden müssen. Es ist eine faszinierende Kletterstelle. Nur wegen ihr habe ich den Blechmauernriss so oft gemacht.
Heute steigt nur noch selten eine Seilschaft durch den Blechmauernriss. Aber auch wenn keine Kletterer darin zu sehen sind, lohnt es sich trotzdem, einen kleinen Spaziergang in das Große Höllental zu machen und hinaufzuschauen zu dem dunklen Riesenspalt in der Steilwand. Er ist ein alpinhistorischer Schauplatz und Erinnerung an eine Zeit, in der das große Abenteuer noch vor Wiens Haustür gesucht und gefunden wurde.

Der Blechmauernriss war einst so berühmt, dass es sogar eine Ansichtskarte von ihm gab. Sie zeigt einen Kletterer vor der Hangelstelle. Er hat die Kletterschuhe ausgezogen, klettert lieber barfuß. Das Seil hat er nur um den Bauch geschlungen. So war es in der Steinzeit des Alpinismus!

Allerlei Heilsames

Ins Halbachtal um eine „Hiaslschmier" ...

Unter den 1953 in dem Sammelband *Das Rasenstück* erschienenen Erzählungen von Franz Nabl (1883–1974) ist auch eine über einen „Bauerndoktor“ aus dem Voralpenland.

Dieser praktizierte im Halbachtal zwischen Unterberg und Reisalpe, in einem Hinterwinkel abseits von größeren Siedlungen. Er war aber keineswegs ein Wurzelsepp, der in einer Rindenhütte hauste; er besaß einen großen Hof, Grund und Wald, Jagd- und Fischrecht, war ein vermögender Mann. Zum Bauerndoktor ist er geworden, weil er den leidenden Menschen helfen wollte.

In Nabls Erzählung heißt er Johann Daxenböck, in Wirklichkeit hieß er Matthias Zöchling und hatte den Hofnamen „Roßböck“ (den Roßböckhof gibt es noch immer oberhalb der Roßbachklamm im Halbachtal).

Nabl erzählt auch, wie es an einem Sonntag in der Ordination dieses Bauerndoktors zuging: „Von Zeit zu Zeit öffnet sich die Tür des anstoßenden Raumes und der Daxenböck tritt unter die Versammelten. Er ist nur wenig über mittelgroß, geht barfuß und in Hemdärmeln, wie so viele seiner Besucher, und hält wie die meisten von ihnen die Pfeife im Mundwinkel eingeklemmt. Sein Gang und seine ganze Gestalt, die nackten breiten Füße, die derben kurzfingerigen Hände und auch die Bildung des Kopfes haben etwas Schwerfälliges, Gedrungenes. Grob und wulstig liegen die Lippen unter einem zottigen, graubraunen Schnauzbart, knollig und auseinandergetrieben sitzt die Nase zwischen den beinahe slawisch vorspringenden Backen, die Haare wuchern borstig und doch gekraust bis tief in die breite, niedere Stirn hinein, und nur die Augen unter den sehr buschigen, zusammenschließenden Brauen haben etwas Listiges, Lebhaftes. Aber es ist nicht die List und Lebhaftigkeit eines klugen, beweglichen Menschen, sondern vielmehr die eines Tieres, etwa eines Fuchses oder schlauen Hundes. Im übrigen liegt in dem ganzen Wesen des Mannes eine unerschütterliche Ruhe, ja beinahe eine völlige Gleichgültigkeit. Langsam und ohne

Oberhalb der Roßbachklamm hatte der Bauerndoktor Zöchling im Roßböckhof seine Ordination.
Linke Seite: Die Quelle „Zu den drei Kreuzen“.

eine Spur von Erregung geht er eine Weile unter den Leuten in der Stube herum, wie ein Wirt, der Nachschau hält, ob es nicht bei einem seiner Gäste ein Glas nachzufüllen gibt oder einen leeren Teller abzuräumen, mit Wort und Handschlag begrüßt er einige, die mittlerweile neu hinzugekommen sein mögen, er spricht mit Nachbarbauern über eine gerade schwebende Gemeindeangelegenheit, fragt weiter Hergereiste nach Neuigkeiten oder besonderen Vorkommnissen aus und greift zuletzt mit den Worten ‚No, wos hob' ma denn?' oder ‚No, loß schaugn oamol!' einen Beliebigen aus der Menge der Wartenden heraus und verschwindet mit ihm in den angrenzenden Raum, der seine Schlafstube und zugleich auch sein Ordinationszimmer ist. Ein Anmelden oder eine bestimmte Reihenfolge, so wie sie in den Warteräumen städtischer Ärzte geübt werden, ist hier unbekannt, und es denkt auch keiner von all den Besuchern daran, die Einhaltung einer bestimmten Ordnung zu verlangen."

Einer unserer Bergkameraden, der aus dem Halbachtal stammt, erzählte uns etliche noch heute kursierende Geschichten um den Bauerndoktor. So soll der Schöpfer der modernen Unfallchirurgie, Univ. Prof. Dr. Lorenz Böhler, ihn aufgesucht haben, weil ihn (der die Technik der Knochenbruchbehandlung durch Ruhestellung entwickelt hatte) die Praktiken dieses Mannes interessierten. Dieser verpasste nämlich schon seit langer Zeit bei Knochenbrüchen aus Rinde gebildete und mit seiner Heilsalbe versehene steife Verbände. Nachdem der berühmte Universitätsprofessor sich verabschiedet hatte, sagte der Bauerndoktor anerkennend: „I glaub', der Mann versteht auch ein bisserl was von der Sach'!"

Unser Bergfreund hatte uns auch gesagt, dass ein Enkel dieses Matthias Zöchling im Hegerberghof an der Straße zur „Kalten Kuchl" noch immer die Familientradition fortsetzt. Wir waren damals wegen der Vorarbeiten für unser 1986 erschienenes *Voralpenbuch* viel in diesem Bergland unterwegs und haben dabei dann auch den Hegerberghof aufgesucht. Ich kam aber nicht nur, um über den Großvater mehr zu erfragen, ich kam zum Enkel auch als Patient ...

1939 hatte ich mit dem Bergsteigen begonnen. Im Krieg war ich bei den Gebirgsjägern. Nach dem Krieg: viel geklettert, viele Berge erstiegen. Das spürte der älter gewordene Bergsteiger dann beim Abstieg in den Kniegelenken.

Der Hegerberghof ist ein schönes Gehöft an der Sonnseite des Tales. Auch Franz Zöchling war nach sechs Tagen Bauernarbeit am Sonntag „Bauerndoktor"; er war ein eher stiller Mann. „Neue Knie kann ich Ihnen nicht machen!", sagte er. „Ich kann Ihnen nur eine Salbe geben, damit das Abigehen net so weh tut!" Für die Salbe verrechnete er bloß einige Schillinge – den Selbstkostenpreis. „Hiaslschmier" (nach dem alten Bauerndoktor Matthias) nennen die Einheimischen diese aus Heilkräutern und bestimmten Fetten hergestellten Salben.

Mit in „Hiaslschmier" eingeschmierten Knien wanderten wir dann weiter, bergauf und bergab. Nach drei Tagen merkte ich, dass meine Knie beim Bergabgehen weniger schmerzten. Laut sagte ich es aber nicht, war misstrauisch ge-

gen mich selber … alles nur Einbildung?
Keine Einbildung! Zwei Jahre lang verwendete ich noch die Salbe und von seither bis heute – fast zwanzig Jahre später – habe ich in den Kniegelenken nicht die geringsten Schmerzen.
In diesen zwei Jahren sind wir noch etliche Male ins Halbachtal gezogen, um Hiaslschmier-Nachschub zu holen. Das war jedes Mal ein wunderschöner Ausflug (und außergewöhnlicher Weg in eine Apotheke). An glosenden Kohlenmeilern kamen wir dabei vorbei und viele Wallfahrer trafen wir, denn neben dem Gasthof „Kalte Kuchl“ liegt das Wallfahrerbuch vom „Mariazellerweg“.
Blitzblank war an den Sonntagen der Hegerberghof geputzt, aus der Küche roch schon gut das Mittagessen, in der schönen Stube mit dem alten Arzneikasten (wir haben ihn „Zauberkastl“ genannt) empfing Franz Zöchling seine Patienten.
Das waren Bewohner von Einschichthöfen in der Umgebung, aber auch Leute, die von recht weit herkamen. Und alle waren fest davon überzeugt, dass sie hier das richtige Heilmittel bekamen.
Als ich einmal Franz Zöchling gefragt hatte, ob für ihn diese Sonntage nach sechs Tagen Bauernarbeit keine Belastung wären, hatte er geantwortet, dass sie das nicht seien, denn „wenn schon so etwas in der Familie ist, dann muss es weitergemacht werden!“
Vor einigen Jahren ist Franz Zöchling gestorben. Jetzt macht seine Frau weiter …

In der Roßbachklamm

… und „Zu den drei Kreuzen“ um gutes Wasser

An der von Rohrbach ins Gölsental nach Norden führenden Straße steht die Kapelle „Zu den drei Kreuzen“ neben einer Quelle und zu dieser kommen von weit und breit die Leut’ (sogar aus dem Tullnerfeld) mit großen Flaschen und Kanistern ums Wasser. Diese Quelle wollte uns ein Bekannter zeigen.

Von der Quelle „Zu den drei Kreuzen“ holen sich die Leute „en gros“ das gute Wasser.

Das war an einem Sauwettertag, an dem man keinen Hund ins Freie jagt. Doch bei der Quelle standen zwei Autos. Ein Mann war dabei die letzte von gut einem Dutzend Zweiliterflaschen zu füllen, eine Frau und ein Mann mit einigen Kanistern warteten, bis sie drankamen.

Die Kapelle ist alt; das Sgraffito mit den Viehpatronen Leonhard, Aegydius und Wendelin ist mit 1954 datiert. Auch die Fassung der Quelle ist neu. Früher ist das Wasser aus dem Stamm von einem der drei Kreuze geflossen, an dem ein Marienbild hing. Bei fast allen alten Quellheiligtümern hatte früher die Gottesmutter die Patronanz ...

„Eigentlich is a Augenbründl!“, sagte die Frau zu uns. „Aber wir holen uns sein Wasser, weils a guates Wasser ist, das sich lange hält!“

Als heilsam für die Augen und als altes Wallfahrerziel wird die Quelle auch auf einer Tafel neben der Kapelle bezeichnet. Nach der Inschrift auf einem Votivbild (das jetzt verschwunden ist) soll im Jahre 1768 „viel Vich“ krank geworden und umgekommen sein. Da träumte ein Bauer, dass er bei der Quelle drei Kreuze errichten lassen soll und darauf ist ihm sein „Vich“ erhalten geblieben. Sicherlich ist die Quelle „Zu den drei Kreuzen“ schon lange Zeit vor dem Jahre 1768 aufgesucht worden.

Im Jänner 2004 kamen wir um die Mittagszeit zur Quelle und auch zur kalten Winterszeit gab's bei ihr keine Mittagszeit ...

Ein junges Paar stieg aus dem Auto, füllte schnell ein kleines Plastikflascherl mit dem Wasser und war husch-husch schon wieder weg ... „Fürs Augenwaschen is mir heute zu kalt!“, hatte die junge Frau gesagt.

Gleich darauf fuhr wieder ein Auto vor und kaum hatte ein Mann seine Kanister ausgeladen, kam schon das nächste daher. Die Männer erzählten uns, dass bei dem Bründl fast immer wer sei, ganz zeitig in der Früh wie auch spätabends. Besonders zur Sommerszeit sei der Andrang so groß, dass viele Leute sogar in der Nacht kommen.

So wie bei allen Heilbründln und heiligen Bründln ist auch dieses Wasser energetisch stark aufgeladen (ist „rechtsdrehend“ wie Radiästheten sagen) und lange haltbar. Darum wird es von Leuten, welche mit ihrem Brunnen- oder Leitungswasser unzufrieden sind, als Trinkwasser nach Hause gebracht.

Noch vor kurzer Zeit galt Mineralwasser als Wunderwasser. Heute ist bekannt, dass manche Mineralien auf Dauer konsumiert eher schädlich wirken können, und der Wert eines energetisch aufgeladenen Wassers wird mehr und mehr erkannt. (Ein Freund hatte uns vor mehr als fünf Jahren ein Fläschchen Lourdeswasser mitgebracht und dieses Wasser ist noch immer trinkbar). An das Positive in solchen Wassern haben unsere noch naturverbundenen Vorfahren schon seit ältester Zeit geglaubt – nur die Nachkommen in so genannter „fortschrittlicher“ Zeit haben dann diesen Glauben als Aberglauben abgetan.

Das Bründl „Zu den drei Kreuzen“ liegt in einem noch recht einsamen Waldland. Die Kukubauerwiese ist in ihrer Nähe und auch der schöne aussichtsreiche Gföhlberg, der aber fast unbekannt ist, obwohl er nur um acht Meter niedriger ist als der viel besuchte Schöpfl. Keine großen Siedlungen; hier kann der Stadtmensch noch Stille tanken. Nur bei unserm Bründl geht's zu wie bei einer Tankstelle an der Autobahn ...

Die Geschichte von der „Sexquelle“ am Schneeberg

Ort der Handlung: Der Stadlwandgraben am Schneeberg. Er beginnt an der Höllentalstraße zwischen Kaiserbrunn und dem Weichtalhaus. Durch ihn führt ein gut ausgetretener (aber nicht markierter) Jagdsteig zu einer Jagdhütte neben dem Gipfel der Stadlwand. Von dort ist es möglich zum Südlichen Grafensteig aufzusteigen, diesem bis zur Kienthalerhütte zu folgen und durch die romantische Weichtalklamm zum Weichtalhaus abzusteigen. Das ist eine der schönsten Schneebergwanderungen. Die „Sexquelle“ entspringt im Stadlwandgraben; Gehzeit von der Straße bis zu ihr ca. 1/2 Stunde.

Die Zeit: Am 1. Jänner 1957 begann in Österreich mit etwa 4000 angemeldeten Teilnehmern das Fernsehen und beherrschte dann immer mehr die Gespräche der Österreicher. Unsere Geschichte begann im März 1969.

Ich hatte mit meinem Freund Hans Jablonka den Stadlwandgrat erklettert und beim Abstieg löschten wir unseren Durst an der kleinen Quelle im Stadlwandgraben. Und auf einmal führten auch wir ein „Fernsehgespräch“ ...

Muska voda! So hieß das potenzfördernde Wasser einer Quelle im damaligen Jugoslawien, von dem vor einigen Tagen eine Fernsehsendung berichtet hatte. Sie war sofort zum Tagesgespräch von ganz Wien geworden und wir sprachen, wie das wäre, wenn wir die kleine Quelle im Stadlwandgraben ebenfalls zur „Sexquelle“ machen würden!

Einige historische Fakten hatten wir schnell beisammen ...

Kaiser Karl VI. hatte auf der Jagd im Höllental eine mächtige Quelle mit kaltem, klarem Wasser entdeckt und sein Leibarzt Heräus riet ihm, dieses an die Kaiserliche Hoftafel nach Wien bringen zu lassen. Das geschah dann auch ab 1736 durch Kaiserliche Wasserreiter, die es vom „Kaiserbrunnen“ (wie er genannt wurde) in Holzfässern nach Wien brachten.

Dann begann unsere Phantasie Purzelbäume zu schlagen ...

Nach der Auffindung des „Kaiserbrunnens“ wurde noch eine Quelle im Stadlwandgraben entdeckt, deren Wasser der Leibarzt Heräus als potenzfördernd erkannte. Sie wurde zur „Geheimquelle der Habsburger“ und hatte dann wesentlich zu deren reichem Kindersegen (Maria Theresia und ihre 16 Kinder!) beigetragen. Natürlich haben dann auch die Einheimischen von dieser Wunderquelle erfahren und ebenfalls aus ihr getrunken. So hatte noch ein neunzigjähriger Bergführer und Vater von neun Kindern eine neunzehnjährige Freundin, mit der er viele Nächte durchtanzte. Und zuletzt wurde die geheime Kraftquelle im Stadlwandgraben auch unter den Bergsteigern bekannt ...

Zwei Tage später fand irgendwo eine Pressekonferenz statt, bei der es für die Journalisten nur ein Thema gab: das *Muska voda* in Jugoslawien. Dabei sagte dann Hans (er war ebenfalls Journalist) seinen Kollegen so beiläufig, dass die Wiener Bergsteiger schon seit langem ihre geheime Sex- und Kraftquelle am Schneeberg hätten und erzählte alle unsere Schmähs ...

Das hatte Folgen!

Zeitschrift PRALINE vom 15. April 1969: „Warum werden die Mädchen im österreichischen Kaiserbrunn so schnell schwach? *Praline* entdeckte das Geheimnis: Die Männer haben ein Sexwasser. Mitten im Wald sprudelt es aus einem Felsen. Und in Kaiserbrunn sagt es seit Generationen einer dem anderen: Kaiserwasser macht müde Männer munter!“

Zeitschrift WIENER WOCHENBLATT vom 24. Mai 1969 brachte eine Reportage unter dem Titel „Sturm auf Männerwasser – ein Ausflugsort im Sexfieber“. Wir lesen: „Der 60-jährige Karl Helmesdorfer kommt gerade wieder mit einer Fuhr Flaschen mit dem Männerwasser in Kaiserbrunn angefahren. Vier Flaschen hab

NEUE REVUE
entdeckte:

Die Quelle, die jeden liebeshungrig macht

Ein Naturheilkundebuch verriet das private Geheimnis des österreichischen Kaisers

ne Mann will noch nicht so recht 'ran. Mit zarter Gewalt bekommt er das aus der Wunderquelle eingeflößt. Die Mädchen bekämpfen seine Unlust

Die „Sexquelle" in den Medien (Neue Revue *vom 20. 9. 1970) und in Wirklichkeit (links)*

i no da! preist er das umworbene Getränk sofort den WI-WO-Reportern an. Schnell müaßt's sein beim Kaufen, denn das Wasser geht weg wie die warmen Semmeln."

Weiter im Text: „Das Männerwasser ist für die Ortsgewaltigen schon ein kleines Problem geworden, weil sich die Fälle von zufriedenen Kunden jeder Altersgruppe häufen. Deshalb beginnen die

Das 1872 erbaute Wasserschloss (Quellfassung des Kaiserbrunnens) der 1. Wiener Hochquellenwasserleitung

Kaiserbrunner schon eifrig am Wirtshaustisch zu beraten, wie der schmale und geröllige Aufstiegspfad zu der Männerwasserquelle ausgebaut werden könnte ...

Aber nicht nur Männer nehmen die Strapazen des Aufstiegs auf sich, nein auch Frauen wie zum Beispiel ein langbehostes, langhaariges Mädchen aus Wien lassen ihre Flaschen vollaufen. Für den Verlobten meiner Freundin, sagte die blonde lange Schöne leicht errötend zu den WI-WO-Reportern."

Ende Mai 1969 stauten sich an Wochenenden vor dem Stadlwandgraben bereits die parkenden Autos, und Männlein und Weiblein stapften mit Fläschchen und Flaschen den steinigen Pfad hinauf zur Quelle. Und im Gasthof Kaiserbrunn wie auch im Weichtalhaus langten täglich Anfragen (vor allem aus Deutschland) ein, was so ein „Kuraufenthalt" alles in allem koste.

Nach einem Jahr meinte ich, dass nun die Stunde der Wahrheit gekommen sei und veröffentlichte im Juni 1970 in der Zeitschrift *Alpinismus* wie auch in den „Mitteilungen" des Österreichischen und auch des Deutschen

Alpenvereins die wahre Geschichte von der Entstehung der Sexquelle.
Doch da erlebte ich, dass es leichter ist, Lügen zu verbreiten, als sie wieder zu stoppen!
Im September 1970 entdeckte die NEUE REVUE „Die Quelle, die jeden liebeshungrig macht" und konnte dazu noch melden: „Kaiser Franz Joseph ließ sich das zum Regieren wie Reagieren stärkende Wasser allmorgendlich kredenzen." Farbbilder zeigen, wie zwei halbnackte Mädchen einem jungen Mann aus einem großen Krug das Wasser „mit zarter Gewalt" einflößen, und dann schon zwei nackte Paare mit der Bildunterschrift: „Nun zeigt das Wasser erste Wirkung. Die beiden Männer greifen bereits nach den Schönheiten der Natur. Der Ausflug zur Quelle hat sich gelohnt."
Im *Wiener Hausberge Wanderatlas* von Freytag & Berndt, Ausgabe 1973, ist die Sexquelle im Stadlwandgraben bereits eingetragen. Und 1974 brachte dann das Österreichische Fernsehen eine Reportage über die Sexquelle. Vorher holten sich noch die Reporter vom Hüttenwirt des Weichtalhauses nähere Informationen ...

Im Wasserschloss Kaiserbrunn.
Sollte Wasser in Zukunft wirklich teurer werden als Erdöl – dann ist der Kaiserbrunnen eine Goldquelle!

Hüttenwirt Rottensteiner war weit und breit als großer „Schmähtandler" bekannt. Als ihn einmal Gäste fragten, was die seltsamen Holzkisten am gegenüberliegenden Hang seien (Bienenstöcke waren es!), sagte er mit todernstem Gesicht: „Das sind Gräber von der Besatzung eines japanischen U-Bootes, das im letzen Krieg in der Schwarza versenkt worden ist!"
Die Leute haben den Schmäh von dem in der seichten Schwarza versenkten japanischen U-Boot geglaubt, sie haben nur kritisiert, dass niemand den Kriegerfriedhof besser pflegt.
Nach dieser Fernsehsendung glaubte uns kein Mensch noch, dass die „Sexquelle" nur eine erfundene Geschichte sei. Denn: „Wenn die Quelle sogar im Fernsehen gezeigt wurde, dann muss etwas Wahres an der Sache sein!"
Das Wahre an der Sache ist, dass auch im Hochtechnikzeitalter der Glaube an das Wundersame wundersam blüht!

Hölzelstein – der „Ayers Rock des Burgenlandes“

Radlfahrer sehen mehr als Autofahrer und Fußgänger. Autofahrer schauen auf die Straße, Fußgänger schauen auf den Weg ... die Radlfahrer auf ihrem Radl haben einen viel weiteren Ausblick. So haben wir den Hölzelstein entdeckt.

„Schau ... ist das ein Felsn?“ – In die Schilf-, Wein- und Obstfelderlandschaft vom Neusiedler Seeufer passt kein Felsen und so konnten wir es kaum glauben, dass wir da wirklich einen echten Felsen vor uns hatten.

Dieser Hölzelstein liegt hinter der Rosalienkapelle an der von Schützen bzw. Donnerskirchen nach Oggau führenden Straße. Er ist ein etwa sechzig Meter langes Kalkriff, das an seinem höchsten Punkt eine Felshöhe von mehr als fünf Meter erreicht. Sogar ein Abseilhaken steckt im Gipfelfels. An der anderen Seite ist der Felsen ganz leicht ersteigbar, nur zwei Meter hoch – aber ein bisserl anhalten muss man sich dabei schon.

Wir haben also nachher keinen Schmäh verzapft, als wir unseren Freunden erzählten, dass wir am Neusiedler See klettern waren. Sie haben das nicht geglaubt. Wir haben gewettet, wir haben die Wette gewonnen.

Man hat den Hölzelstein auch schon den „Ayers Rock des Burgenlandes“ genannt – was natürlich eine Übertreibung ist. Dieser Rock ist eher nur ein Rockerl. Doch eines hat er mit dem weltberühmten australischen Monolith gemein: Auch er wirkt wie vom Himmel gefallen in dem flachen Land.

Forschungen und Ausgrabungen der letzten Jahre (vor allem in Deutschland) bestätigen immer mehr, dass in prähistorischer Zeit landschaftlich herausgehobene Plätze oder besondere Steine, Bäume, Quellen die ersten Kultstätten waren. Ganz bestimmt hat das phantastische Felsgebilde Hölzelstein auch schon vor drei, vier, fünf Jahrtausenden die Menschen ebenso beeindruckt wie uns Radlfahrer vor einigen Jahren.

Besiedelt war dieses Land bereits von der Jungsteinzeit an in allen Epochen. Dass der Hölzelstein ein Kultplatz war, wird auch durch bei ihm gefundenen Schmuck und Waffen

Auch der Neusiedler See hat seine Geheimnisse ... manchmal trocknet er ganz aus! Zuletzt war das in den Jahren 1865–71. Linke Seite: Der „Hölzelstein“ ... Kultstein, Steinbruch, Kletterfelsen.

aus der Bronzezeit – ein so genannter Depotfund – bezeugt. Das war aber kein verstecktes Warenlager eines Händlers, das waren kultisch hinterlegte Opfergaben.

Auch die Römer haben beim Hölzelstein etwas hinterlassen ... Gefäße, eine große Anzahl (58 Stück), Münzen aus der Zeit um die Zeitenwende und einen Eisenkeil. Der Keil dürfte aus späterer Zeit stammen, in der die Römer den Stein nicht mehr kultisch, sondern als Steinbruch genützt haben.

Lange haben sich dann noch die Überlieferungen um die sakralen Handlungen bei dem Stein erhalten und in christlicher Zeit ist er – so wie viele vorchristliche Kultplätze – „verteufelt“ worden. Es wurde erzählt, dass sich bei ihm die Hexen treffen, und eine aus Felsblöcken gebildete Halbhöhle wurde zur „Hexenkuchl“, in der sie ihr Hexensüppchen gekocht haben sollen. Ältere Leute haben uns erzählt, dass ihnen in ihrer Jugendzeit noch ältere Leute geraten haben, man soll am Hölzelstein besser ganz schnell vorbeigehen ...

Als Pestabwehr wurde 1713 am Ortsrand von Oggau eine der Pestpatronin Rosalia geweihte Kapelle erbaut.

Tatsächlich ist der Hölzelstein (besonders bei der „Hexenkuchl“) ein geomantisch negativer Platz. Hingegen ist die dreihundert Meter von ihm entfernte Felskuppe mit der Rosalienkapelle (besonders bei der danebenstehenden Kreuzigungsgruppe) ein stark positiver Platz. Auch die Rosalienkapelle – „Erpaut 1713. Renofirt 1833“ – steht auf einem Felsen, der als Steinbruch genützt worden ist. Das Jahr 1713 war ein Pestjahr. Die Kapelle am Rande der Gemeinde Oggau wurde errichtet, damit die Pestpatronin Rosalia den Ort gleichsam als magisches Schutzschild vor der Pest bewahre. Geomantische Untersuchungen ergaben, dass dieses positive und negative Nebeneinander bei vielen alten Kultplätzen feststellbar ist: das Ying-Yang-Prinzip von Dunkel und Hell und Himmel und Erde und dem Weiblichen und Männlichen. Ob das im Burgenland – im Land der Störche – auch so ist?

Von den Störchen heißt es, dass sie nur an positiven Plätzen ihre Nester bauen. Das

schöne Märchen, dass Störche die Kinder bringen, soll darauf zurückzuführen sein. An positiven Plätzen sind auch bessere Voraussetzungen für den Kindersegen gegeben.
Als wir zum Hölzelstein kamen, spazierte dort ein Prachtexemplar von Storch herum. Wir hielten die Luft an, um ihn ja nicht zu verscheuchen. Der Storch glotzte uns kurz an und stolzierte dann seelenruhig zur „Hexenküche" hin. Schlechter, ganz schlechter Platz!
Der Storch blieb unbeeindruckt davon ...

Hochzeitsreise zu den Hügelgräbern im Schandorfer Wald

Bis zum Ende des 20. Jahrhunderts wussten nur die Fachgelehrten, dass im Schandorfer Wald eines der bedeutendsten prähistorischen Grabhügelfelder Europas liegt ... 170 Hügel aus der Hallstattzeit um 750 v. Chr.
Im *Lexikon ur- und frühgeschichtlicher Fundstätten Österreichs* (1965) wird dieses Gräberfeld in nur wenigen Zeilen erwähnt. Als wir einmal in seiner Nähe waren, wollten wir es uns kurz anschauen.
„Glaubst, zahlt sich das überhaupt aus?" – Fritzerl war skeptisch. Es wurde eine vollkommene Überraschung! Wir hatten nur einige von Büschen umgebene Hügel erwartet und kamen in einen Urwald, in dem nebeneinander und hintereinander Grabhügel mit einem Durchmesser von zehn bis fünfzig Metern und mit einer Höhe bis zu 16 Meter stehen. Große Bäume wachsen auf den Hügeln oder liegen umgefallen kreuz und quer darunter. Es war Hochsommer, aber unter den dichten Baumkronen befanden wir uns in einer grünenden Wildnis.
Konkretes: Schandorf im Burgenland liegt dicht an der ungarischen Grenze südlich von Rechnitz, es wird heute hauptsächlich von Kroaten bewohnt, 1999 hatte es 342 Einwohner. In der Eisenzeit war das Zentrum dieses Gebietes der Hügel an der Pinka, wo sich der heutige Ort Burg befindet. Die durch die Eisenerzeugung reich gewordenen Eisenbarone wollten auch fürstlich bestattet werden und so entstand die große Nekropole im Schandorfer Wald (der damals noch eine waldfreie Fläche war). Lange Zeit wurden die Hügel für Befestigungen aus der Türkenzeit gehalten. Erst 1925 wurden sie von einem Heimatforscher als Gräber erkannt und in den Jahren 1930 und 1933 fanden die ersten wissenschaftlichen Untersuchungen statt, bei denen aber nur einer der großen Hügel geöffnet wurde.
Warum dieses einmalige Gräberfeld nicht mehr bekannt ist und warum noch nicht alle Hügel untersucht worden sind?
Weil es lange zu dicht am Eisernen Vorhang lag. Und weil bei diesem Gräberfeld nur eine Großgrabung sinnvoll wäre, die aber wegen der hohen Kosten, des großen Personalaufwands und der langen Grabungsdauer bisher nicht möglich war.
Neben den 170 hallstattzeitlichen Grabhügeln gibt es in dem Wald auch noch eine Gruppe von 73 römerzeitlichen Grabhügeln, welche aber niedriger sind und daher neben den Riesenhügeln kaum Beachtung finden.

Einer der großen hallstattzeitlichen Grabhügel im Schandorfer Wald

Wirklich beachtenswert ist ein großer Grabhügel neben dem Fahrweg zum Pinkaufer, der schon um 1870 und in einer Zeit geöffnet wurde, als man noch an in den Hügeln verborgene Schätze glaubte. Der Grundherr wollte es genau wissen, ließ eine Schar Arbeiter einen breiten Graben – wie eine dicke Scheibe aus einem Guglhupf – zur Mitte des Hügels ausschaufeln um zu dem Schatz zu gelangen.

Dieser Schatzgräbergraben vermittelt ein einmaliges Erlebnis: Weder beim Umschreiten noch beim Ersteigen von einem der großen prähistorischen Grabhügel bekommt man eine so intensive Vorstellung von den damit verbundenen gewaltigen Erdbewegungen wie beim Hineingehen in diese Erdkluft.

Rätselvoll ist der größte aller Hügel vom Schandorfer Wald. Er hat einen Durchmesser von mehr als 60 Metern und eine Höhe von etwa 10 Metern, ist aber ganz anders als alle anderen rings um ihn. Im unteren Teil führt eine Terrasse um den Hügel, an der Basis umgibt ihn ein breiter Ringgraben. Nach der Meinung des burgenländischen Landesarchäologen Karl Kaus „könnte es sich entweder um einen unvollendeten Riesenhügel oder wahrscheinlicher um einen zentralen Kult- oder Verbrennungsplatz handeln“.

1998 waren wir am 27. März bei den Schandorfer Hügelgräbern – an unserem Hochzeitstag. 1956 haben wir in der Etruskerstadt Tarquinia geheiratet, weil wir nicht nur ineinander, sondern auch in die Etrusker verliebt waren. Nach der Hochzeit im Dom von Tarquinia sind wir dann gleich nach Cerveteri gefahren, wo die größte und eindrucksvollste Hügelgräbernekropole Etruriens ist.

Damals war nur ein kleiner Teil der Nekropole für Besucher erschlossen. Die großen Hügel dahinter waren noch wild umwachsen und bewachsen und die Eingänge der vor längerer Zeit geöffneten Grabkammern waren schon wieder zum Teil von Erde überdeckt. Natürlich sind wir auch in diese Gräber hineingekrochen und bald schaute das Hochzeitspaar wie ein paar Dreckspatzln aus.

Aber schön war’s, ebenso schön wie es schon D. H. Lawrence in seinem Buch *Etruscan Place* geschildert hat: „Eine sanfte Stille umgab diese großen Grabhügel und auf dem Mittelweg ist noch etwas wie ein schlichtes Glücksgefühl zurückgeblieben. Etwas Stilles und Lindes erfüllte die ganze Luft an diesem versunkenen Orte und man hatte das Gefühl, dass es der Seele gut tat, hier zu sein.“

So schlenderten wir an dem Frühlingstag im Jahre 1998 im Schandorfer Wald unter den Hügeln dahin, und wenn uns einer gut gefiel, dann erstiegen wir ihn. Unter einem fanden wir ein Hirschgeweih; in Cerveteri hatten wir eine tote Schlange gefunden. Und so wie damals in Cerveteri erfüllte auch an unserem 42. Hochzeitstag im Burgenland etwas Stilles und Lindes die Luft, und es tat unserer Seele gut, hier zu sein.

Nachher saßen wir im Gasthaus von Schandorf, kamen mit einigen Leuten ins Plaudern und erzählten dabei von unserer Hochzeitsreise zu Etruskergräbern. Und wir sagten auch, dass wir uns an diesem 42. Hochzeitstag bei den Schandorfer Hügelgräbern wie zu den Grabhügeln im Etruskerland versetzt gefühlt haben.

Einige Zeit darauf brachte „Radio Burgenland“ eine Reportage über die Hügelgräber von Schandorf. Und da hörten wir, dass vor kurzem sogar ein junges Ehepaar seine Hochzeitsreise zu diesen gemacht hat …

Wir waren das „junge Ehepaar“!

„Kultwanderweg“ im Joglland

Auf der Wildwiese ist der heilige Waldhauser begraben und bei der Wegkreuzung „Toter Mann“ ein Wallfahrer nach Mariazell, dessen Frau danach beim „Toten Weib“ (bei Frein) starb. Beim Gehöft Jogl in Reit steht ein mehr als zwei Meter hoher bearbeiteter und unheimlich wirkender Stein wie ein Wächter vor dem Haus und nicht weit davon entfernt liegt der „Altarstein“ mit seinen geheimnisvollen Zeichen mitten im Wald.

Viel Seltsames gibt es in dem Waldgebiet zwischen Strallegg, Miesenbach und Wenigzell im steirischen Joglland und so wurde vor einigen Jahren dort auch ein „Kultwanderweg“ geschaffen.

Der etwas unheimliche steinerne „Wächter“ vor dem Bauernhof Jogl in Reit.
Linke Seite: Der „Teufelsstein“. Deutlich erkennbar an der Seitenwand des Felsens ist die Glättung durch Menschenhand.

Auf der Wildwiese ist 1683 ein Wetterkreuz aufgestellt worden, um das vom „Auf-den-Knien-Herumbeten“ der Gläubigen ein Kreis entstand, der bald zum „Wunderkreis“ wurde. Wundersam sollte seine Erde sein und von weit und breit (sogar aus Ungarn und Kärnten) kamen zu Tausenden die Leute um dort zu beten und ein Säckchen dieser Erde als Heilmittel mit nach Hause zu nehmen.

Das missfiel dem zuständigen Dechant; seiner Meinung nach war der Kreis vom Tanzen der Hexen entstanden. Das Volk glaubte jedoch, „daß die bey der Nacht das Creuz anbettenden Engeln solchen Creis mit ihren Knien ausgewezet hätten“. 1768 ordnete der Bischof in Graz an, dass trotz aller Proteste des „einfältigen Bauernvolcks“ (wie er sagte) das Wetterkreuz zu entfernen sei. Das war das Ende vom „Wunderkreis“ und es kam der „heilige Waldhauser“ ...

Er war ein Räuber, der in seinen Wanderstab eine Kerbe schnitt für jeden Menschen, den er getötet hatte. Erst als der Stab keine Kerbe mehr aufnehmen konnte, erkannte er seine Schuld, pilgerte zum Papst und fragte, ob er Verzeihung seiner Schuld erlangen könne. Der Papst sagte ihm, dass er nie Verzeihung bekomme, so wie sein Stab nie blühen würde. Darauf zog der Räuber als Einsiedler auf die Wildwiese, starb dort und wurde auch dort begraben. Der Papst hatte den Stab in seinen Garten gesetzt, wo er sich in einen blühenden Rosenstock verwandelte. Jetzt wollte er den reuigen Sünder zurückholen, schickte Boten aus – aber keiner hat ihn gefunden. Das ist die Legende vom „heiligen Waldhauser".

1851 ist auf der 1254 m hohen Wildwiese die Kapelle „Zum gegeißelten Heiland" erbaut worden und mit ihr fand das Volk gleichzeitig auch einen Ort der Verehrung des legendären „heiligen Waldhauser" als Vieh- und Wetterpatron und auch als einen Nothelfer, der ledigen Frauen einen Mann vermitteln konnte. Es entstand sogar ein „Waldhauserlied", das noch heute von Wallfahrern auf der Wildwiese gesungen wird. Mit einer roten Fahne ging Christus dem reuigen Sünder entgegen und (so endet das Lied) sagte zu ihm:

Sünder, du gehörst mein!
Und führt ihn in den Himmel ein.

Die Entstehung der Legende vom „heiligen Waldhauser" ist freilich eine skurrile Geschichte. Der Historiker Walter Brunner vermutet in seiner 1995 erschienenen *Heimatkunde von Strallegg,* dass die Legende von dem Chorherrn Josef Friedrich Gruber erfunden worden ist, der um 1750 einige Jahre Kaplan in Miesenbach war und als Verbreiter von Wundergeschichten galt … „Er hat es verstanden, sich den Ruf eines besonders frommen und wundertätigen Mannes zu geben; durch seine ‚langen Beichten' hat er außerdem einen großen Einfluss auf Frauen gewonnen. Er hat ab 1742 so viele Misshandlungen (Missetaten) begangen, dass sie im Archiv des Stiftes Pöllau einen ganzen Faszikel füllen." – Er wurde nach Rom geschickt, um dort Vergebung seiner Sünden zu erlangen, doch nach seiner Rückkehr nahm er den Frauen sofort wieder „lange Beichten" ab – bis er dann 1756 ins Stift zurückgeholt wurde.

Legende und Wirklichkeit um die Wildwiese mit dem „Wunderkreis" und dem „heiligen Waldhauser". Doch voll Hoffnung sind die Menschen zu ihr hinaufgestiegen und Unglaubliches haben sie da oben geglaubt, voll Zuversicht haben sie den Platz wieder verlassen. „Wahrer Glaube" und Aberglaube … in beiden steckt jene Kraft, die Berge versetzen kann.

Bei der Kapelle „Toter Mann" kreuzt sich ein ganzes Bündel Altwege, auch eine Römerstraße ist dabei. Wegkreuzungen sind Schauplatz für viele Geschichten und Sagen aus alter Zeit (und selbstverständlich brauste über sie auch die Wilde Jagd hinweg). Die Kapelle an diesem Platz wurde in neuerer Zeit errichtet, vorher stand dort ein Lochstein.

Lochsteine (siehe Seite 87) sind Denkmäler des Steinkults prähistorischer Zeit, welche im Verlauf späterer Epochen verschiedene Bedeutungen bekamen. Im Raum Strallegg/ Miesenbach/Wenigzell gibt es besonders viele solcher Lochsteine, der eindrucksvollste steht vor dem Gehöft Jogl in Reit.

Das ist ein Steingebilde, das man nicht vergisst, wenn man es einmal gesehen hat. „Mannstein" wird es genannt, weil sein oberer Teil wie ein Kopf geformt ist, aber es ist kein Mann, kein Mensch … „An dem möchte ich nicht vorbeigehen, wenn ich ein Räuber wär!", hatte einer der Freunde gesagt, als wir das erste Mal davor standen. Im „Mannstein“ vor dem Bauernhof haben wir damals spontan einen Ahnen oder Wächter gesehen, der aufpasst, dass den Menschen in dem Haus nichts Böses zustößt. Er ist der interessanteste von allen Lochsteinen, die wir bisher gesehen haben ...

Nicht weit von ihm entfernt liegt der „Bildstein“, der zum Stein des Anstoßes für schon viele Diskussionen geworden ist. Der Stein ist kaum eineinhalb Meter lang, etwa 80 Zentimeter breit und 50 Zentimeter hoch. Gefunden wurde er im Jahre 1920 von dem Bauern Franz Marktfelder, der wissen wollte, ob etwas Wahres an der Überlieferung sei, dass früher in Pestzeiten auf einem „Altarstein“ im Walde Messen gelesen wurden. Seit 1965 liegt der Stein am Rande eines Weges (ca. 20 Meter über seinem Fundplatz). „Bildstein“ wird er jetzt genannt wegen einiger Gravuren auf seiner Oberfläche. Diese sind das Problem!

Deutlich erkennbar ist eine mit einem Kittel bekleidete menschliche Gestalt mit herabhängenden Armen. Ist es ein Mann, ist es eine Frau? Bis zu den Knien reichende Kittel trugen von der Urzeit bis übers Mittelalter hinaus auch Männer.

Komplizierter ist die zweite Darstellung. Eindeutig erkennbar ist ein Schrägkreuz mit Umrandung (solche Kreuze sind bereits auf Gefäßen aus der Jungsteinzeit wie auch Hallstattzeit zu sehen). Mit dem Kreuz verbunden ist ein Ritzbild, das als Phallus gedeutet wird, aber auch als Kelch, woraus geschlossen wurde, dass bei dem Stein Geheimzusammenkünfte von Protestanten stattgefunden haben.

Das Kreuz und das phallusähnliche Zeichen werden aber auch als Monstranz gedeutet, vor der ein Mensch in Anbetung steht. Einwand: Warum wurde dieser Mensch nicht im Anbetungsgestus dargestellt, sondern mit herabhängenden Armen? Viele Deutungen gibt es jetzt schon von den Bildern; welchen Zweck der Stein hatte, weiß man aber noch immer nicht ... Gedenkstein (Menhir), Opferstein, Steinerner Kalender?

St. Patritius, der in der Steiermark hoch verehrte Schützer des Viehs, in der Wildwiesen-Waldhauser-Kapelle

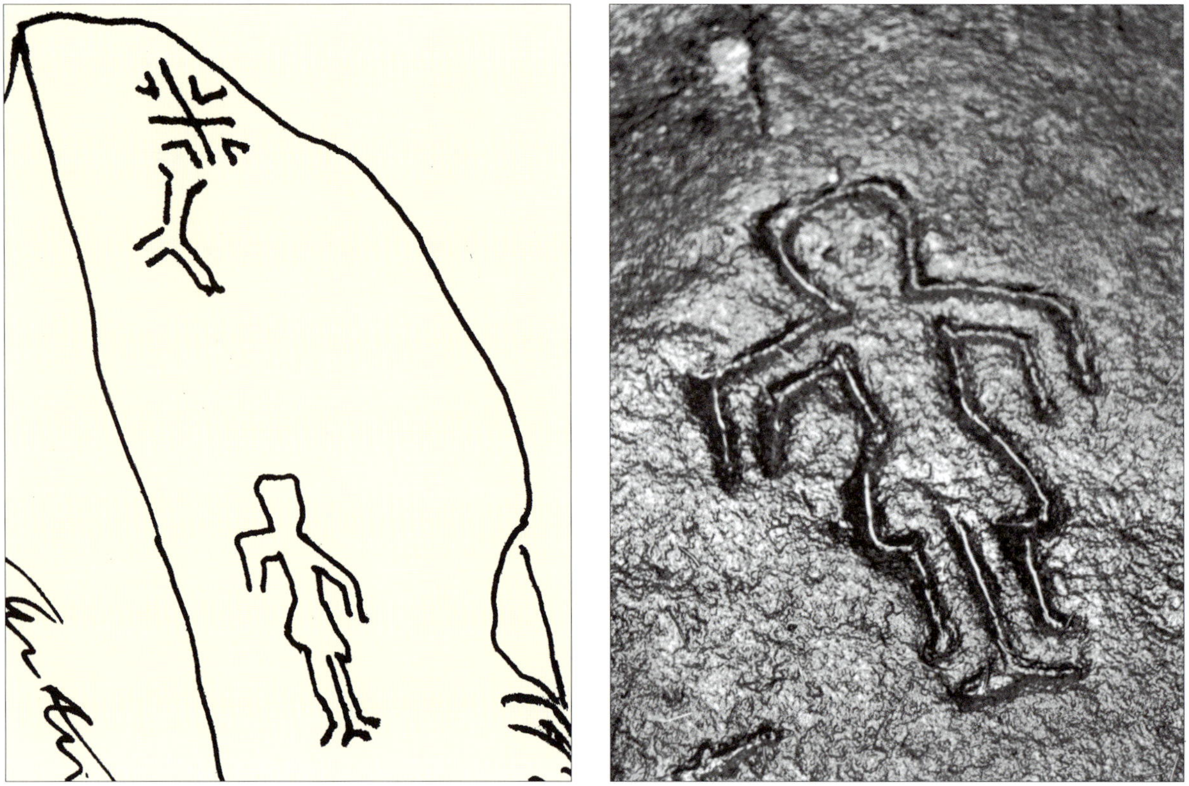

Der Strallegger Bildstein. Nachzeichnung der Gravuren und Foto der menschlichen Figur (Manderl oder Weiberl?).

Entstand er in „grauer Vorzeit“ oder doch viel später? Die Gravuren haben verhältnismäßig scharfe Konturen; wären sie schon vor Jahrtausenden entstanden, müssten die Bilder auf dem im Wald liegenden und der Bemoosung ausgesetzten Stein durch die Bioerosion schon mehr verflacht sein. Ein Bauer von einem Gehöft bei Strallegg hatte uns schon vor etlichen Jahren gesagt, dass man über den „Bildstein“ wohl kaum noch Genaues erfahren wird, weil „früher war doch alles ein bisserl anders, als man heute glaubt!“ – Das haben wir damals nicht recht geglaubt.

Joglland heißt das Land um unseren „Kultwanderweg“. Als Kaiserin Maria Theresia durch dieses Land gereist ist, hatte sie einen Bauern gefragt, wie er heiße. „Jogl“ hieß er. Auch der nächste, den sie fragte, hieß Jogl – und noch viele andere ebenfalls. In Wien erzählte dann die Kaiserin, dass sie in einem Land war, in dem alle Männer Jogl heißen.

Von dem in diesem Land beliebtesten Vor-

namen *Jogl* (= Jakob) hat es auch seinen Namen bekommen. So sagt man heute, das glaubt man heute.
Und doch stimmt's nicht! Vor kurzem wurden die Taufbücher aus Maria Theresias Zeit näher untersucht und es zeigte sich, dass Jakob damals gar nicht der beliebteste Vorname war. Das war Johann. Jakob kam unter ferner liefen erst an vierter Stelle. „Früher war doch alles ein bisserl anders, als man heute glaubt!", hatte der Bauer aus dem Joglland gesagt.

Kein Halleluja am „Teufelsstein"

Mai 1984 ... Fritzerl und ich unterwegs auf unserer Alpendurchquerung von Wien nach Nizza.
Dieser Sommer war kein guter Sommer. Vier Tage vor unserem Aufbruch am 1. Mai lag in Wiens Gassen noch Neuschnee. Und in der Waldheimat war es besonders arg. Auf den stellenweise verwächteten Waldwegen sanken wir oft bis zum Bauch im Schnee ein.
„Zum Teufelsstein" lasen wir auf einer Tafel. Von diesem bizarren Felsen hatten wir schon viel gehört, doch als wir bei der Abzweigung zu ihm standen, wäre ich lieber daran vorbeigegangen.
Fritzerl sah das anders. Wir hatten uns für diese Alpendurchquerung auch vorgenommen, ausgefallene Sachen links und rechts von unserem Weg aufzusuchen ... „Nachher wird's uns Leid tun, dass wir am Teufelsstein vorbeigegangen sind!"
Also stapften wir hinauf zu ihm. Im Nebel sahen wir den Felsen erst, als wir dicht vor ihm standen. In seinem Windschatten aßen wir zuallererst ein großes Stück Schokolade.
Die Sage vom Teufelsstein: Der aus dem Himmel in die Hölle verstoßene Luzifer wollte wieder in den Himmel kommen. Gottvater bewilligte ihm das unter der Bedingung, dass er in der Christnacht einen Turm von der Erde bis in den Himmel baue, der aber bis zum Glockenzeichen bei der Wandlung der Christmette fertig sein müsse. Das schaffte der arme Teufel natürlich nicht, und so blieben nur drei aufeinander getürmte Blöcke des unvollendeten Himmelturmes übrig ... der Teufelsstein.
Ob der Teufel am Teufelsstein etwas von der Höllenglut gelassen hat? „Mir ist jetzt gar nimmer kalt!", sagte Fritzerl.
In mir war der Kletterer erwacht ... „Komm, pack'n wir den Zapf'n!"
Obwohl viel Neuschnee auf dem Felsen lag und stellenweise auch Eis, waren wir im Nu oben auf dem Teufelsturm – und auch gleich wieder unten, denn oben blies ein eisiger Wind. Wir haben uns nachher nur ein bisserl gewundert, dass es uns an diesem Tag voll Plag dann am Teufelsstein so gut gegangen ist.
Damals im Jahre 1984 haben wir am Teufelsstein ganz unbewusst die wohltuende Wirkung von einem „Ort der Kraft" verspürt. Denn obwohl wir uns damals schon lange Zeit mit alten Kultplätzen beschäftigt hatten – dass der Teufelsstein einst einer war, haben wir nicht gewusst ...
... das hat zu dieser Zeit nur einer gewusst und das war der Rechtsanwalt und hochaktive Heimatforscher Dr. Hubert Stolla aus Kindberg. Er hatte sich schon viele Jahre mit dem

Der „Teufelsstein" in den Fischbacher Alpen – ein einmaliges alpines Kulturdenkmal

Teufelsstein beschäftigt und er war es auch, der an der Ost- und Westseite des Steins menschliche Bearbeitungsspuren erkannte und zum Initiator einer Untersuchung durch die Montanuniversität Leoben wurde.

Ein 1987 veröffentlichtes Gutachten bestätigte diese Bearbeitung. Die Seitenwände des Felsens waren ursprünglich nicht glatt, sie hatten ebenfalls vorstehende Buckel und Zacken. Dass diese Bearbeitung aus profanen Gründen (Bausteingewinnung) erfolgte, ist auszuschließen. Nach der Verwitterung musste sie schon vor langer Zeit geschehen sein.

Wann war das? Das konnte nicht bestimmt werden.

Wer diese Heidenarbeit getan hatte und zu welchem Zweck? Darüber gibt es nur Vermutungen. Hubert Stolla hatte von Anfang an vermutet, dass der Zweck ein „kultisch-kalendarischer" gewesen sein müsse.

Seine Hypothese: Die Wände des auf einer freien Kuppe in 1498 m Höhe stehenden

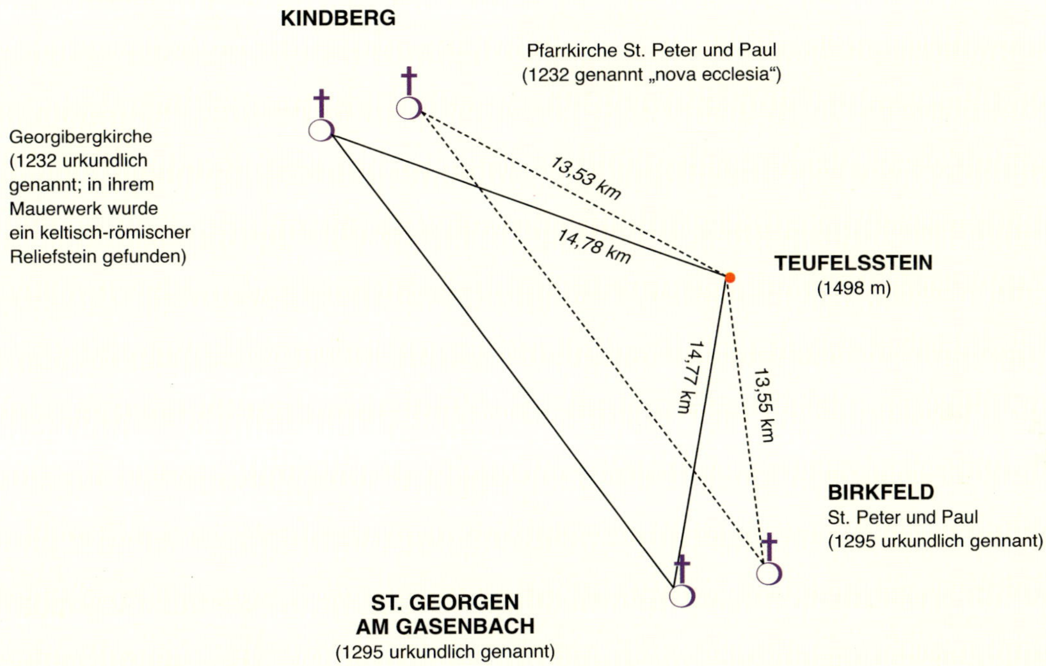

Entfernungen (nach von Hubert Stolla ermittelten Koordinaten) vom Teufelsstein bis:

Kindberg, Pfarrkirche St. Peter und Paul – 13,53 km
Birkfeld, Pfarrkirche St. Peter und Paul – 13,55 km
Kindberg, ehem. Wallfahrtskirche am Georgiberg – 14,78 km
Wallfahrtskirche St. Georgen am Gasenbach – 14,77 km

Felsturmes wurden geglättet, um damit eine fixe Linie zum Anvisieren eines Himmelskörpers zu gewinnen, einen „steinernen Kalender“. Solche waren notwendig für die Landwirtschaft und gleichzeitig auch Kultplätze, wo von den höheren Mächten Fruchtbarkeit erbeten wurde.
Hubert Stolla hat aber auch noch etwas sehr Interessantes entdeckt: Vier christliche Kirchen liegen in gleichen Entfernungen vom Teufelsstein, woraus sich – wenn man sie mit Linien verbindet – zwei gleichschenkelige Dreiecke ergeben.
Solche werden heute „Magische Dreiecke“ genannt und es gibt schon recht viele davon Überzeugte, die auf Landkarten ihre Linien ziehen und damit Verbindungen zwischen alten Kultplätzen und Kirchen, Wegkreuzen und Bildstöcken herstellen und so weite Gebiete zu Sakrallandschaften werden lassen.
Die von Hubert Stolla festgestellten Dreiecke

um den Teufelsstein zeigt die Skizze auf Seite 159. Auffällig ist diese Dreiecksbeziehung des Teufelssteins zwischen zwei Georgskirchen und zwei Peter- und Pauls-Kirchen, auffällig die (nach *Dehio)* gleichzeitigen ersten urkundlichen Erwähnungen, auffällig sind die fast gleichen Entfernungen. Alles nur Zufall? Natürlich gibt es auch Skeptiker, welche nach dem Sinn solcher Dreiecke fragen. Vor allem aber: Wie wurden sie vermessen? Das haben wir auch Hubert Stolla gefragt. Er wusste es nicht, meinte jedoch, dass es vieles gibt, das unerklärbar ist und nur durch seine Existenz beweist, dass es eine logische Erklärung dafür geben muss, von der wir nur noch nichts wissen.

„Beim Teufelsstein haben früher einmal die Hexen 'tanzt!", hatten uns Leute in der Waldheimat erzählt. Sie hatten uns auch die andere Geschichte von der Entstehung des Steins erzählt: Seine Blöcke seien drei vom Teufel in Stein verwandelte böse Pfarrersköchinnen. Teufel und Hexen – wo immer ein Platz in Beziehung zu ihnen gebracht wurde, war fast immer einst ein vorchristlicher Kultplatz.

In christlicher Zeit wurde später beim Teufelsstein der Laurentiustag (10. August) gefeiert. Laurentius, der Patron für alle, die mit Feuer zu tun haben wie Köhler und Eisenarbeiter, der richtige Patron für das Eisenland Steiermark. Am Laurentiustag wurde da oben am Berg gebetet und gesungen und getanzt. Nach einem schrecklichen Gewitter soll der Brauch abgekommen sein. Hubert Stolla vermutet: „Das Unwetter lieferte vielleicht den Vorwand, ein unliebsames Volksfest, das in der heidnischen Tradition wurzelt, abzuschaffen. Um diese Zeit feierten die alten Kelten ihr Lugnasad-Fest: Sommerende und Herbstbeginn."

Im 19. Jahrhundert haben die Touristen den Teufelsstein als großartigen Aussichtsberg entdeckt und mit einer „ihm würdigen 14 Meter hohen Aussichtswarte geziert". Diese ist schon wieder längst zerfallen, die Aussicht ist noch immer großartig. Und so wie immer sind auch heute noch die Menschen verblüfft, wenn sie nach dem Aufstieg durch den Wald dann den monströsen Felsen inmitten der Almwiese vor sich sehen.

Als wir wieder zum Teufelsstein kamen, war er nicht verschneit und vereist wie damals im Maiwinter 1984. Es war ein strahlender Frühsommertag und auf der Wiese grasten einige Rinder und ihre Glocken bimmelten Almfrieden.

Wir hatten uns schon sehr auf das Wiedersehen mit dem Teufelsstein gefreut. Viel hatten wir inzwischen erfahren über ihn, wussten jetzt, dass er ein „Ort der Kraft" ist, und setzten uns daher genau auf den gleichen Platz, auf dem wir damals gesessen sind.

An diesem schönen Sonnentag erwartete ich, dass ich einen ganz besonderen Kraftschub spüren müsste.

Nix geschah! Kein Juchu und kein Halleluja! Ich wäre fast sanft eingeschlafen ...

Fritzerl erklärte mir das so: Kraftplätze machen Müde munter, können aber auch zu starke Emotionen dämpfen. So kam es, dass ich „gedämpft" am Kraftplatz Teufelsstein hockte, weil ich mich so sehr/zu sehr auf das Wiedersehen mit ihm gefreut hatte ...

Eingang in die Drachenhöhle bei Mixnitz. Nichts erinnert noch daran, dass da nach dem Ersten Weltkrieg Werksgebäude eines Industriebetriebes standen.

Ein Hauch von Ewigkeit in der Drachenhöhle

Etwa eineinhalb Stunden Gehzeit sind es von Mixnitz hinauf zum Eingang der Drachenhöhle. Fünfhundert Meter tiefer sind Häuser, Bahn und Straßen.

Vor dem großen dunklen Höhlenportal werden Zeiten lebendig, in welchen die Menschen noch glaubten, dass einst Drachen in der Höhle gehaust haben, und noch ältere Zeiten, in denen tatsächlich Menschen in die Höhle eingedrungen sind um gewaltige Höhlenbären zu erlegen. Dass dieser die Phantasie animierende Platz einmal Standort eines Industriebetriebes war – das ist allerdings unvorstellbar!

Doch es gibt Fotos, welche schwarz auf weiß beweisen, dass am Höhleneingang die Kopfstation einer ins Tal führenden Seilbahn stand, außerdem gab es dort Arbeiterbaracken, eine Starkstromanlage für Maschinen und eine Trinkwasserversorgungsanlage, ein Sprengmitteldepot und eine Küche, in der Kraut und Rüben gekocht wurden. Und die Station einer ins Innere der Höhle führenden Grubenbahn war dort außerdem.

Es war der Mangel an Düngemitteln nach dem Ersten Weltkrieg, der vom August 1920 bis in den Mai 1923 zum Abbau des phosphatreichen Höhlenbodens geführt hat. Etwa 40 Arbeiter haben in dieser Zeit in den Baracken gewohnt und nur an den Sonn- und Feiertagen sind sie ins Tal abgestiegen. Und als der Betrieb eingestellt wurde, ist auch alles Menschenwerk wieder abgetragen worden, und urtümlich und geheimnisvoll erscheint der Höhleneingang wiederum wie in den Zeiten zuvor.

„Perspectivische Vorstellung des Eingangs in die Rettelsteiner Drachen-Höhle" aus dem Jahre 1747.

Während dieser Höhlendüngeraktion war gleichzeitig auch eine Gruppe von Wissenschaftlern an der Bergung von prähistorischen und paläontologischen Funden tätig. Und das mit Erfolg … unter den 23.218 Tonnen Aushub, der damals aus der Höhle gebracht wurde, waren 170.000 Kilogramm Knochen von Höhlenbären dabei. Nach Schätzung haben diese Tiere durch einen Zeitraum von 170.000 Jahren die Höhle bewohnt und ungefähr 30–50.000 von ihnen sind darin verendet.

Der Knochenreichtum der Höhle war bereits im Mittelalter bekannt (die älteste Verewigung darin stammt aus dem Jahre 1387). „Wunderknochen" holten sich aus der Höhle später die „Beinlgraber", welche sogar aus Ungarn wie auch aus dem Kärntnerland kamen und diese dann an Apotheker, Bauerndoktoren und Scharlatane als Knochen vom wundersamen Einhorn verkauften.

Ein Besuch der Drachenhöhle ist immer ein großartiges Erlebnis, ganz gleich, wie weit man in sie hineingeht … nur einige Schritte oder bis zu ihrem Ende, ob man bloß die Höhlenräume auf sich wirken lässt oder nachzuerleben versucht, wie die Jäger der Altsteinzeit mit ihren primitiven Waffen den Höhlenbären (der um ein Drittel größer war als der jetzt lebende Braunbär) erlegten. Uns hatten bei jedem Besuch

die Bärenschliffe besonders bewegt.
Bärenschliffe: „Aus vielen Höhlen sind Schliffe bekannt, die dadurch entstanden, dass durch enge Durchgänge zwischen Felsen jahrtausendelang sich immer wieder Höhlenbären durchzwängten und mit ihrem von Erde und Lehm bedeckten Fell stets an derselben Stelle hinstreiften, sodass diese mit der Zeit glatt poliert wurde. In der Drachenhöhle finden sich ganz prachtvolle derartige Schliffe an vielen Stellen" (Aus: Othenio Abel/Georg Kyrle, *Die Drachenhöhle bei Mixnitz,* Wien 1931).

Drachenhöhle. Höhleneingang und Bergstation der Seilbahn (Foto aus dem Jahre 1921).

Natürlich ... ein mächtiger Höhlendom, schöne Tropfsteinbildungen oder eine hohe Eissäule sind spektakulärer als von zottigen Bären glatt geschliffene Felsen. Diese führen in eine ganz andere Erlebnissphäre, sind eine Begegnung mit dem Phänomen Zeit.
Bis zur Zeitenwende sind die Zeitabschnitte noch geläufig, auch mit den ersten Jahrtausenden vor der Wende geht's noch ... Eisenzeit, Bronzezeit. In der Jungsteinzeit gab es die ersten Ackerbauern. Aber dann kommt die Altsteinzeit, die vom Endpaläolithikum (um 8000) bis in das Altpaläolithikum 2.000.000 Jahre zurückreicht und wo bei Zeitbestimmungen zehntausend Jahre mehr oder weniger unwichtig geworden sind. Und da entgleitet uns die Zeit ...
170.000 Jahre soll der Höhlenbär im Drachenloch gehaust haben, aber nie mehr als vier, fünf Familien. Und nur so im Vorbeigehen haben die Tiere mit ihrem Fell einige Felsen so glatt poliert, dass heute der Schein der Höhlenlampen darauf glänzt wie in einem Spiegel. Wer denkt da nicht an das schöne Märchen von der Ewigkeit? Alle tausend Jahre kommt ein Vögelchen zu einem riesigen Granitberg und wetzt sein Schnäbelchen daran und erst, wenn dieser Berg davon voll und ganz weggerieben ist – dann ist die erste Sekunde der Ewigkeit vergangen.
In der Drachenhöhle wird ein Hauch von Ewigkeit spürbar.

Land rund um Wien – Land der Kontraste.
An schönen Tagen ist vom Schneeberggipfel (2076 m) auch der Neusiedler See am Rande der Puszta zu sehen.

Literatur

Othenio Abel und G. Kyrle, Die Drachenhöhle bei Mixnitz. Wien 1931

Thomas Aigner, Das Mirakelbuch der Wallfahrtskirche Hafnerberg. Dipl.-Arbeit. Wien 1994

Alfred Bartak, Wegweiser zu mystischen Plätzen in Hafnerberg. Nöstach 2002

Gabriel Bodi, Die Schwechattrift. Dipl.-Arbeit. Wien 1993

Walter Brunner, Strallegg. Strallegg 1995

Wilhelm Cerveny, Der Dunkelsteinerwald. Weitra 2000

W. Czoernig, Die Karthäuserhöhle bei Gaming. In: Zeitschrift für Karst- und Höhlenkunde. Berlin 1942.

Wilfried Daim, Der Mann, der Hitler die Ideen gab. Berlin 1991

Georg Danzer, Die Entwege. In: Jahreshefte des Österreichischen Archäologischen Institutes. Wien 1965

Erich und Christl Dorffner, Das Buch von Alland. Alland 2002

Fritz Felgenhauer, Der Hausberg zu Gaiselberg. In: Zeitschrift für Archäologie des Mittelalters. Köln 1973

Egon Fischerlehner, Lochsteine (Gattersteine) in Oberösterreich. In: Mannus. Hückeswagen 1980

Gustav Gugitz, Österreichs Gnadenstätten in Kult und Brauch, Bd. 2 und 4. Wien 1955/56

Geza Hajós, Natur und Gotik im Steinhaus des Hofjuweliers Franz von Mack. In: Österreichische Zeitschrift für Kunst- und Denkmalpflege. Wien 1987

Felix Halmer, Burgen und Schlösser zwischen Baden und Wiener Neustadt. Wien 1968

Alois Handler, Rund um den Weinsberg. Gutenbrunn 1990

Franz Herndl, Die Trutzburg. Leipzig 1909

Hans Hottenroth, Chronik von Reinsberg. Reinsberg 1989

Josef Kantusch, Die Klause Klausenleopoldsdorf. Dipl.-Arbeit. Heiligenkreuz 1994

Alfred Kappl, Das Geheimnis der Feenhaube. Wien 2001

Margarete Kaus, Hügelgräber in Schandorf. Großpetersdorf 1998

Sebastian Kneipp, Meine Wasser-Kur. Wörishofen 1886

Gustav Kuess, 200 Jahre Freimaurerei in Österreich. Wien 1999

Hertha Ladenbauer-Orel, Der ottonische Kirchenbau in Wieselburg. In: Archäologie Österreichs. Wien 1996

Karl Lukan, Das Voralpenbuch. Wien 1986

Karl Lukan, Weißer Stein und rotes Türl. Wien 1988

Karl Lukan, Wanderungen in die Vorzeit. Wien 1989

Karl Lukan, Das Weinviertelbuch. Wien 1992

Karl Lukan, Seltsame Kultstätten – sonderbare Heilige. Wien 1995

Karl Lukan, Alte Welt im Donauland. Wien 1996

Karl Lukan, Das Burgenlandbuch. Wien 1998

Mayer von Rosenau, Gedenkschrift Franz Edler von Mack. Atzgersdorf 1904

Josef Moczarski, Die Kaltwasser-Heilanstalt Kreuzen. Linz 1850

Matthäus Much, Germanische Wohnsitze und Baudenkmäler in Niederösterreich. Wien 1875

Mussbacher Norbert, Wallfahrtswesen im Bezirk Lilienfeld. In: Heimatkunde Lilienfeld, 1964

Franz Nabl, Das Rasenstück. Graz 1953

Hans Plach, Die Wehrkirche von Klein-Zwettl. Thaya 1981

Friedrich Richter, Die Ägidikirche zu Windhag. In: Waidhofener Heimatblätter, 1973

Johann Rigler, Burg Grimmenstein. Grimmenstein 1970

Friedrich Rosenkranz, Ein Streifzug durch „Österreichisch Marokko". In: Die Natur. Wien 1937

Helene Schiessl, Sagen und Sagenhaftes aus dem Triestingtal. Pottenstein 1994

Leopold Schmidt, Post sex. In: Österreichische Zeitschrift für Volkskunde. Wien 1962

Hermann Schwammenhöfer, Archäologische Denkmale. Waldviertel, Weinviertel, Viertel ober dem Wienerwald, Viertel unter dem Wienerwald. Wien 1986 ff.

Johann Six, ... da geh ich hin, nach Wullersdorf. Wullersdorf 2002

Hubert Stolla, Der Teufelsstein – das älteste bewiesene Kultmal der Steiermark. Kindsberg o. J.

Hermann Watzl, Freie bäuerliche Eigen zwischen Schwechat und Triesting. In: Sancta Crux. Heiligenkreuz 1985

Heinz Wiesbauer, Sanddünen im Wandel der Zeit. In: Niederösterreichische Perspektiven. St. Pölten 2002

Leo Wirtner, Furth an der Triesting. Furth 1978

Leo Wirtner (Hg.), Heimatbuch der Marktgemeinde Weissenbach an der Triesting. Weissenbach 1986

Register

In der gleichen Reihe bei Kral-Verlag erschienen:

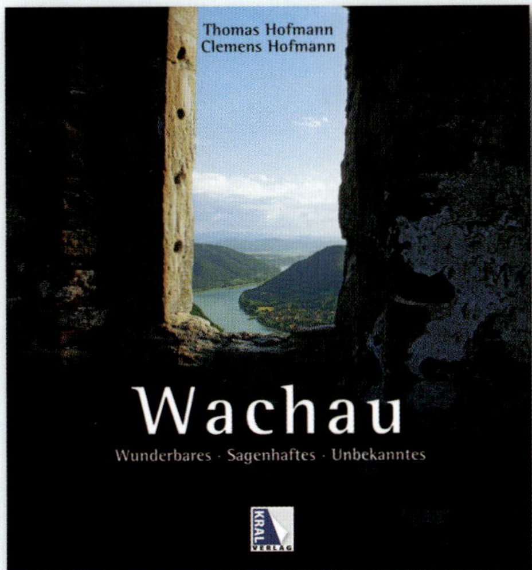

Clemens Hofmann/Thomas Hofmann
Wachau
Wunderbares-Sagenhaftes-Unbekanntes

Steile Berghänge, getaucht in üppiges Grün, das glitzernde Wasser der friedlich fließenden Donau, idyllische Orte, altersgraue Ruinen, erfüllt vom Atem der Vergangenheit – das ist die Wachau, das magische Tal im Herzen Niederösterreichs. Thomas und Clemens Hofmann haben sich hier auf packende Spurensuche begeben, fanden Kurioses und Merkwürdiges, Wunderbares und Rätselhaftes, lüfteten den Schleier über Vergessenem und Verborgenem. Eindringlich zeigen sie, dass auch das sonnig-heitere Marillen- und Weinparadies am großen Strom vielfach unbekannte Seiten und eine faszinierende Vergangenheit besitzt, die zu entdecken zum spannenden Leseabenteuer wird.

Format: 20,5 x 22,5 cm
168 Seiten
ISBN: 978-3-99024-211-7
Preis: € 24,90

Johannes Sachslehner/Robert Bouchal
Waldviertel
Mystisches-Geheimnisvolles-Unbekanntes

Mythos und Magie einer archaischen Landschaft erfüllen das Waldviertel mit wunderbarem Leben. Seltsame Sagengestalten und uralte Legenden, die faszinierende Erinnerungskraft rätselhafter Steindenkmäler und düsterer Ruinen, seine leid- und wechselvolle Geschichte verbinden sich zu einem großartigen Panorama des Geheimnisvollen. Robert Bouchal und Johannes Sachslehner setzen sich auf die Spur dieser einzigartigen „Gedächtnislandschaft“, dokumentieren ihre „Mystik“ und unvergleichliche Aura, die kraftvolle Präsenz des Vergangenen und des Metaphysischen im Gegenwärtigen.

Format: 20,5 x 22,5 cm
168 Seiten
ISBN: 978-3-99024-214-8
Preis: € 24,90

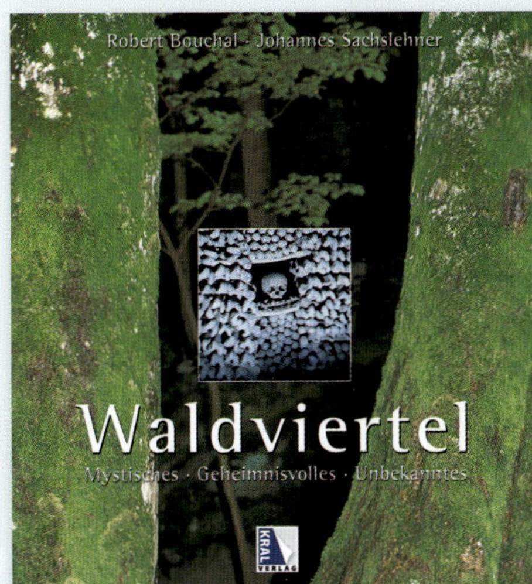

KRAL VERLAG
www.kral-verlag.at

In der gleichen Reihe bei Kral-Verlag erschienen:

Karl und Fritzi Lukan

Via Sacra

Der alte Pilgerweg nach Mariazell-Mythos und Kult

Mariazell – ein kirchliches und kulturelles Zentrum, dessen Bedeutung weit über die Grenzen Österreichs hinausreicht. Angehörige vieler Nationen sind von der seltsamen Magie dieses Gnadenortes angezogen worden und viele Wege führen zu ihm hin. Einer dieser Wege wurde jedoch von Millionen Menschen begangen – die legendäre „Via sacra", die „Heilige Straße" von Wien nach Mariazell. Karl und Fritzi Lukan, als unermüdliche Wanderer und leidenschaftliche Forscher seit ihrer Jugend in unserer Heimat unterwegs, haben auf diesem uralten Pilgerpfad eine unglaubliche Vielfalt an Unbekanntem und Geheimnisvollem entdeckt: vom rätselhaften Kultstein bis zu den „Orten der Kraft", vom wundertätigen Bründl bis zu kuriosen Votivbildern. Eine faszinierende Reise zu uralten Mythen und merkwürdigen Traditionen, eine wundersame Begegnung mit Volksglauben und religiösem Brauchtum.

Format: 20,5 x 22,5 cm
168 Seiten
ISBN: 978-3-99024-092-2
Preis: € 24,90

KRAL VERLAG

www.kral-verlag.at